O FEWN EI BYRTH

O FEWN EI BYRTH

CYFROL O WEDDÏAU CYHOEDDUS

Elfed ap Nefydd Roberts

GWASG PANTYCELYN

Dymuna'r cyhoeddwyr gydnabod cymorth
Adrannau'r Cyngor Llyfrau Cymraeg.

ISBN 1 874786 30 5

Cyhoeddwyd ac argraffwyd gan Wasg Pantycelyn, Caernarfon

CYNNWYS

RHAGAIR

Yn ôl diffiniad enwog Evelyn Underhill, 'addoli yw ymateb creaduriaid dynol i ddatguddiad dwyfol' — ymateb o foliant, diolchgarwch, ymbil, ufudd-dod ac ymgysegriad. Mynegir yr ymateb hwn trwy emynau o fawl, trwy offrwm a thrwy weddi; nid gweddi bersonol unigolion yn unig, ond gweddïau cynulleidfaol, cyhoeddus, a'r gweddïau hynny'n ymblethu i foliant ac ymbiliau holl gynulleidfaoedd pobl Dduw ym mhob man ac yn dod yn rhan o weddi ddi-dor yr eglwys fawr yn y nef ac ar y ddaear.

Gan mai gweithred gynulleidfaol yw gweddi gyhoeddus, y mae cyfrifoldeb arswydus ar y sawl sy'n arwain gwasanaeth o addoliad i dywys eraill i ymdeimlo â rhyfeddod presenoldeb Duw ac i geisio rhoi mewn geiriau eu profiadau a'u dyheadau hwy: eu diolchgarwch am fendithion bywyd, eu hedifeirwch am eu beiau a'u pechodau, a'u heiriolaeth ar ran y byd a'i bobl. Y mae ansawdd ysbrydol, defosiynol oedfa yn dibynnu'n fwy ar y modd yr arweinir cynulleidfa mewn gweddi nag ar unrhyw ran arall o'r gwasanaeth. A gŵyr pob un a elwir i arwain gwasanaeth mai'r dasg anoddaf yw tywys cynulleidfa mewn gweddi. Gobeithio y bydd y casgliad hwn o weddïau o fudd iddynt yn eu paratoadau ac yn gymorth i eraill i gymryd rhan mewn cyfarfodydd gweddi neu wrth lunio gwasanaethau arbennig.

Wrth baratoi gweddïau ar gyfer oedfa, (ac y mae *paratoi* yn hanfodol bwysig), y mae rhai egwyddorion y dylid eu cadw mewn golwg. Yn y lle cyntaf, dylid cofio'r gwahaniaeth rhwng gweddi breifat a gweddi gyhoeddus. Un o beryglon gweddïo 'o'r frest' yw'r duedd i bregethwr offrymu ei weddi bersonol ar goedd yn hytrach nag arwain eraill yn eu dyheadau a'u diolchiadau. Pan ddigwydd hynny fe â'r weddi'n amherthnasol a chollir sylw aelodau'r gynulleidfa. Amcan gweddi gyhoeddus yw bod yn llais y gynulleidfa gerbron Duw.

Yr ail egwyddor yw'r pwysigrwydd o gydnabod ac arfer ein rhyddid i addoli heb gyfyngiadau cyfraith, trefn, arferiad na thraddodiad, i ddefnyddio pa ffurfiau bynnag a ystyriwn yn addas, i arbrofi ac i fabwysiadu patrymau amrywiol o weddi, er mwyn meithrin bywyd a phrofiad ysbrydol ein cynulleidfaoedd. Gwaetha'r modd, gwyddom fod addoliad anghydffurfiol erbyn hyn mor unffurf a digyfnewid ag unrhyw litwrgi gosodedig. Dylem arfer y rhyddid sydd gennym i ddefnyddio gwahanol ffurfiau o arwain mewn gweddi er mwyn sicrhau cydbwysedd rhwng rhyddid a threfn, ac osgoi ffurfioldeb marwaidd ar y naill law ac anhrefn ac aflerwch ar y llaw arall.

Egwyddor arall sy'n dilyn o hyn yw'r gwerth sydd mewn ymgyfarwyddo â chyfoeth ysbrydol a defosiynol traddodiadau Cristnogol eraill. Rhan o'r profiad ecwmenaidd yw darganfod a dysgu oddi wrth arferion a ffurfiau ein gilydd. Y mae Anglicaniaid a Phabyddion wedi dysgu oddi wrth ddigymhellrwydd a rhyddid y traddodiad Protestannaidd a'r eglwysi Protestannaidd wedi dysgu gwerthfawrogi'r etifeddiaeth gyfoethog o ddefosiwn a ddiogelwyd o fewn y traddodiadau Catholig ac Uniongred. Y canlyniad fu proses o ddarganfod a dysgu, y naill oddi wrth y llall, a fu yn ei dro yn gymorth i feithrin a chyfoethogi ysbryd gweddi, yn bersonol ac yn gynulleidfaol. Yn y cyswllt hwn y mae manteision mewn ymgyfarwyddo â llyfrau gwasanaeth y gwahanol eglwysi yn ogystal â chyfrolau a chasgliadau o weddïau. Ynddynt canfyddwn gyfoeth o ddeunydd, hen a newydd, y gellir ei addasu a'i ddefnyddio i'n dibenion ein hunain.

Yr egwyddor bwysicaf oll yw cofio ein bod yn cyfarch y Duw sanctaidd a hollalluog, a bod rheidrwydd arnom i wneud hynny'n ostyngedig, yn ddidwyll ac yn weddus. Y mae rhybudd Iesu yn erbyn pentyrru geiriau ac arddangos yr hunan wrth weddïo'n gyhoeddus yn gwbl glir. Rhaid gochel y demtasiwn i arddangos ein doniau, i fod yn feiddgar wreiddiol, i ymhyfrydu yn y stroclyd, neu i ddefnyddio gweddi i bregethu. Pwy ddywedodd na fedrwn, ar yr un pryd, dynnu sylw at ein clyfrwch a'n gwreiddioldeb ein hunain ac at ogoniant y Duw sanctaidd? Iaith ddisgybledig, ddiwastraff, ddealladwy a chryno yw'r fwyaf addas i gyfarch Duw yn gyhoeddus.

Y mae meithder amleiriog mewn gweddi i'w briodoli fel arfer i'r methiant i wahaniaethu rhwng gwahanol rannau gweddi, sef moliant, cyffes, diolchgarwch, ymbil ac eiriolaeth. Ceisiwyd rhoi lle i'r elfennau hyn yn y gweddïau o fewn y gyfrol hon, weithiau o fewn rhaniadau penodol, weithiau wrth eu plethu i'w gilydd wrth ddatblygu thema'r weddi. Mabwysiadwyd patrwm fel a ganlyn: adnodau o Ysgrythur, addas fel galwad i addoli, gweddi agoriadol fer (fel arfer, gweddi o foliant), ac yna gweddi neu gyfres o weddïau yn dilyn thema, ond hefyd yn cynnwys yr elfennau o edifeirwch, o ddiolch ac o eiriolaeth.

Cyhoeddwyd dros hanner y gweddïau o fewn y gyfrol hon yn y golofn *Y Gornel Weddi* yn *Cristion* ond ychwanegwyd nifer atynt er mwyn sicrhau cyfres o 52, sef gweddi ar gyfer pob Sul o'r flwyddyn.

I'r rhai hynny o ddarllenwyr *Cristion* a fu'n pwyso arnaf i gyhoeddi deunydd *Y Gornel Weddi* y mae'r diolch fod y gyfrol fach hon wedi ymddangos. Ond y mae'n amheus a fyddai wedi gweld golau dydd oni bai am anogaeth Bwrdd Cyhoeddi Gwasg Pantycelyn, a gwaith graenus arferol Mr. Alun Powell Jones a'i staff yn y Llyfrfa yng Nghaernarfon. Y mae fy nyled iddynt yn fawr, ac i ddwy arall yr wyf yn gyson yn eu dyled am eu cymorth a'u cefnogaeth, sef Susan Lloyd, Ysgrifenyddes Academaidd y Coleg Diwinyddol Unedig, a fwydodd y cyfan i'w chyfrifiadur a'i atgynhyrchu'n gymen, a Marian Delyth, y bu cydweithio â hi ar *Cristion* am bum mlynedd a hanner yn fraint ac yn fwynhad, am gynllunio'r clawr.

Mewn dyddiau pan yw fflam gweddi a'r bywyd ysbrydol yn llosgi'n isel yn y Gymru gyfoes, gobeithio y bydd cynnwys y gyfrol fach hon o gymorth i fywhau ychydig ar y fflam honno.

Tachwedd 1994 E. AP NEFYDD ROBERTS

‘Dewch i mewn i’w byrth
â diolch
ac i’w gynteddau
â mawl.
Diolchwch iddo,
bendithiwch ei enw.’

Salm 100: 4.

ADFENT

'Bendigedig fyddo Arglwydd Dduw Israel
am iddo ymweld â'i bobl a'u prynu i ryddid.' (Luc 1: 68).
'Wele, dyma ein Duw ni.
Buom yn disgwyl amdano i'n gwaredu;
dyma'r Arglwydd y buom yn disgwyl amdano,
gorfoleddwn a llawenychwn yn ei iachawdwriaeth.' (Eseia 25: 9)

*

Gyda'th eglwys fawr yn y nef ac ar y ddaear,
clodforwn di, O Arglwydd ein Duw,
am iti anfon dy Fab, ein Harglwydd Iesu Grist, i'n daear,
ac am y gobaith, y goleuni a'r gorfoledd
a ddaeth i ni drwyddo.
Clodforwn di ei fod yn parhau i ddod i blith ei bobl
gan weithredu'n achubol yn eu mysg.
Cymorth ni i ddisgwyl wrtho,
i ewyllysio amdano,
ac i'w dderbyn a'i groesawu'n llawen.

*

Yn ein gweddi, rhown ddiolch i Dduw am ddyfodiad Iesu Grist i'n byd ac am y bywyd a'r bendithion a ddaeth i ni . . .

Gweddïwn ar iddo ddod heddiw yng ngrym ei Ysbryd i blith y rhai sydd mewn angen ac adfyd . . .

Gweddïwn am ras i baratoi ar gyfer ei ddyfodiad, i ddisgwyl amdano ac i'w groesawu i'n calonnau . . .

Wrth i ni baratoi i ddathlu dyfodiad yr Arglwydd Iesu,
rhown diolch i ti, O Dduw,
am ystyr ac arwyddocâd ei adfent ef.

Diolchwn am iddo ddod mewn gostyngeiddrwydd;
am ei eni mewn tlodi ym mhreseb Bethlehem,
am iddo gymryd arno ein natur ni,
ac am iddo'n dysgu mai mewn gwyleidd-dra y mae gwir fawredd.

Diolchwn am iddo ddod i deulu cyffredin:
am iddo gysegru bywyd aelwyd a chartref,
ac am iddo'n dysgu i dderbyn a charu'n gilydd
fel brodyr a chwiorydd.

Diolchwn am iddo ddod mewn tosturi:
  am ei gyfeillgarwch â'r truan a'r gwan,
  am ei gydymdeimlad â'r rhai oedd yn dioddef,
  ac am iddo'n dysgu i wasanaethu'n gilydd yn ei enw.

Diolchwn am iddo ddod i'w uniaethu ei hun
  â'n dynoliaeth bechadurus
  ac am iddo adael gogoniant y nefoedd
  er mwyn ein gwneud ni'n gyfranogion o ogoniant meibion Duw.

O Arglwydd Iesu Grist,
  dymunwn ddathlu dy ddyfodiad mewn moliant a llawenydd.
Fel y daethost gynt i ddwyn gobaith a gwaredigaeth i'n byd,
  tyrd atom ninnau ac at bawb sydd mewn angen amdanat.
Tyrd i'r mannau hynny sydd yng ngafael rhyfel a gormes,
  a thywys pobl i ganfod heddwch a chyfiawnder.
Tyrd i blith y newynog, y tlawd a'r difreintiedig,
  a symud popeth sy'n diraddio a llethu bywyd dy blant.
Tyrd at yr unig, y trist a'r diymgeledd,
  a rho iddynt o ddiddanwch dy bresenoldeb,
Tyrd at y rhai sydd mewn afiechyd, gwendid a phoen,
  ac estyn dy law i'w nerthu a'u hadfer.
Tyrd i ganol dy eglwys ac i blith dy bobl
  i'w bywhau ar gyfer dy waith.
Tyrd i ddatguddio dy gariad
  i'r rhai nad ydynt yn d'adnabod,
  a thywys pawb ymhob man i'th gyffesu a'th wasanaethu.
Tyrd, O Grist, i'n calonnau ninnau;
  maddau i ni bopeth sy'n llesteirio ein tystiolaeth,
  a gwna ni'n wir ddisgyblion i ti dy hun.

Ac i ti, O Arglwydd Iesu Grist,
  gyda'r Tad a'r Ysbryd Glân,
  y bo'r gallu a'r gogoniant yn oes oesoedd. AMEN.

Nesâd

'Y mae'r Arglwydd yn agos at bawb sy'n galw arno,
at bawb sy'n galw arno mewn gwirionedd.' (Salm 145: 18)
'Neséwch at Dduw, ac efe a nesâ atoch chwi . . .
Ymostyngwch gerbron yr Arglwydd, ac efe a'ch dyrchafa chwi.'
(Iago 4: 8, 10)

*

Gariad tragwyddol,
a'n creaist i'th garu di ac i garu'n gilydd,
meddianna ein calonnau yn awr.
Oleuni tragwyddol,
sy'n goleuo pob dyn â goleuni dy wirionedd,
llewyrcha yn ein meddyliau yn awr.
Ysbryd tragwyddol,
ein cynhaliwr a'n diddanydd,
anadla ar ein hysbrydoedd yn awr.
Yr wyt ti, Arglwydd, yn agos atom
ac yn cynnig dy gwmni i bawb sy'n dy geisio;
cymorth ni i agosáu atat
ac i offrymu iti ein gweddi a'n mawl.

*

O Dduw, ein Tad a'n gwaredwr,
yr wyt ti yn bresennol ym mhob man
yn llond pob lle ac yn diwallu pob peth byw.
Amlyga dy hun i ni
a chymorth ni i agor pob rhan o'n bywyd
i rin a grym dy bresenoldeb.
Cymorth ni i agor ein llygaid,
i weld gwaith dy ddwylo yn y byd o'n cwmpas,
yng ngogoniant dy gread
ac yng nghariad a charedigrwydd cyd-ddyn.
Cymorth ni i agor ein clustiau,
i ymglywed â'th lais yng ngwirioneddau dy Air,
yn nhawelwch ein gweddïau
ac yn awyrgylch dy dŷ.
Cymorth ni i agor ein meddyliau,
i fyfyrio yn dy wirionedd,
i ganfod dy ffyrdd,
ac i dderbyn pob gwybodaeth a gweledigaeth
yr wyt ti am eu cyfrannu i ni.

Cymorth ni i agor ein calonnau,
  i brofi grym dy gariad yn Iesu Grist
  ac i dderbyn gras i estyn ei gariad i'r byd.
Cymorth ni i agor ein heneidiau,
  i deimlo gwefr dy bresenoldeb
  a llawenydd cymundeb â thi.
Cymorth ni i agor holl ddrysau ein bywyd led y pen
  i ti gael dod i mewn,
  i ti gael teyrnasu ynom
  a'n gwneud yn eiddo llwyr i ti dy hun.

Cadw ni, Arglwydd, rhag cau drysau tosturi
  ar helyntion y byd ac anghenion dy blant,
  ond rho hyder i ni eu cyflwyno i ti:
  y rhai sydd wedi eu llethu gan afiechyd
  a'u llorio gan lesgedd a gwendid;
  y rhai sydd mewn trallod a thristwch
  ac unigrwydd yn cymylu eu calonnau;
  y rhai sydd wedi eu chwerwi gan anghyfiawnder
  a neb i godi llais drostynt;
  y rhai sydd yng ngafael tlodi a newyn
  ac yn araf nychu o brinder bwyd;
  y rhai sydd ynghanol rhyfel a therfysg
  ac wedi colli cartrefi ac anwyliaid:
  amlyga iddynt dy gariad a'th dangnefedd
  a thywys ni oll i lwybrau cymod a gobaith.

Yn ein hanghenion a'n gofidiau ein hunain,
  pwyswn ar dy agosrwydd a'th ras:
  yn ein gwendid cynnal ni;
  yn ein hunigrwydd amgylchyna ni;
  yn ein hamheuon cadarnha ni;
  yn ein pechodau pura ni â'th faddeuant.
Gad ni aros ynot ti—
  yng nghariad y Tad,
  yng ngras ein gwaredwr Iesu Grist,
  ac yng nghymdeithas dy Ysbryd Glân,
  yn awr a hyd byth. AMEN.

Goleuni

'Goleuni yw Duw ac nid oes ynddo ef ddim tywyllwch.' (1 Ioan 1: 5) *Meddai Iesu, 'Myfi yw goleuni'r byd. Ni bydd neb sy'n fy nghanlyn i byth yn rhodio mewn tywyllwch, ond bydd ganddo oleuni'r bywyd.'* (Ioan 8: 12)

*

Arglwydd Dduw ein Tad,
yr wyt ti yn trigo mewn goleuni y tu hwnt i'n deall ni,
eto yr wyt wedi peri i lewyrch dy sancteiddrwydd
dywynnu arnom yn dy Fab Iesu Grist.
Yn ei oleuni ef yr ydym yn dy weld a'th adnabod
yn bresennol yn ein mysg yn llawn gras a gogoniant.
Agorwn ein heneidiau i belydrau dy gariad;
deffrown ein calonnau i wawr dy bresenoldeb,
a dyrchafwn ein lleisiau i ganu dy glod.

*

Rhown ddiolch i Dduw am i oleuni ei ogoniant dywynnu arnom yn Iesu Grist . . .

Arglwydd, diolchwn fod dy oleuni
wedi gwawrio ar dywyllwch ein byd
trwy dy Air yng Nghrist Iesu,
i roi i ni olwg ar ogoniant dy gariad,
i wasgar tywyllwch ein hanobaith,
i ddeffro'n meddyliau i'th geisio,
ac i roi i ni weledigaeth
o ddynoliaeth wedi ei dyrchafu i ogoniant.
Cymorth ni yn llewyrch dy oleuni
i ganfod y ffordd at Iesu,
ac yn ei gwmni ef y ffordd i'r bywyd.

Cyffeswn gerbron Duw ein methiant i fyw yng ngoleuni ei wirionedd a'i ras . . .

Arglwydd, cyffeswn fod ofn dy oleuni di arnom.
Y mae mor ddisglair a threiddgar,
ac ni fynnwn i'w belydrau
oleuo ein meddyliau dirgel,
ein cymhellion annheilwng,
a chilfachau tywyll ein bywydau.

Tywynna arnom, Arglwydd,
dinoetha ein heuogrwydd,
dangos i ni ein hangen,
a gosod ni gerbron disgleirdeb dy drugaredd,
fel y profwn wefr dy faddeuant
a rhodio mewn ffydd a llawenydd
fel plant y goleuni.

Eiriolwn dros y rhai sydd yn nhywyllwch eu gofidiau a'u hanobaith, yn arbennig y rhai y gwyddom ni amdanynt . . .

Arglwydd, clyw ein gweddi dros yr anghenus.
I'r rhai mewn unigrwydd a dieithrwch,
wedi eu llethu gan swildod a nerfusrwydd
a heb neb i'w cynnal a'u hymgeleddu,
rho oleuni dy gwmni.
I'r rhai mewn afiechyd a gwendid
sy'n anobeithio am wellhad
ac yng ngafael nos dywyll eu pryderon,
rho oleuni dy ddiddanwch.
I'r rhai mewn amheuon ac ofnau,
sydd wedi colli golwg arnat ti
ac yn methu gweld ystyr na diben i'w bywyd,
rho oleuni dy wirionedd.
I'r rhai mewn tlodi a newyn,
sydd wedi eu llorio gan eu hamgylchiadau
ac yn dioddef oherwydd trachwant eraill,
rho oleuni dy gyfiawnder.

Gweddïwn ar i'th blant ym mhob man
ganfod llawnder a llawenydd bywyd
o fewn teyrnas loyw dy Fab,
ein Harglwydd Iesu Grist. AMEN.

Nadolig

'Bachgen a aned i ni, mab a roddwyd i ni,
a bydd y llywodraeth ar ei ysgwydd ef:
a gelwir ei enw ef Cynghorwr rhyfeddol,
y Duw cadarn, Tad tragwyddoldeb, Tywysog tangnefedd.'
(Eseia 9: 6)
'Awn hyd Fethlehem, a gwelwn y peth hwn a wnaethpwyd, yr hwn a hysbysodd yr Arglwydd i ni.' (Luc 2: 15)

*

Croeso a chlod i ti, Iesu Fab Duw,
am i ti ddatguddio i ni gariad y Tad.
Croeso a chlod i ti, Iesu Fab y Dyn,
am i ti gymryd arnat faich ein dynoliaeth.
Croeso a chlod i ti, Iesu Cynghorwr rhyfeddol,
am i ti ein tywys o dywyllwch i oleuni.
Croeso a chlod i ti, Iesu Tad tragwyddoldeb,
am i ti ein dwyn i deulu Duw.
Croeso a chlod i ti, Iesu Tywysog tangnefedd,
am i ti sefydlu teyrnas tangnefedd yn ein plith.
Croeso, clod ac addoliad i ti,
Iesu, ein Harglwydd a'n gwaredwr.

*

Rhown ddiolch i ti, Arglwydd,
fod dirgelwch y Gair a ddaeth yn gnawd
rhyfeddod dy ymgnawdoliad,
yn pontio amser,
yn dwyn y Crist newydd-anedig i'n cyrraedd,
ac yn ennyn ein rhyfeddod a'n llawenydd.
Tywys ni mewn dychymyg a ffydd
i wrando cân yr angylion,
i ddilyn arweiniad y seren,
i ganfod dy ogoniant,
yn yr un bach wedi ei rwymo mewn dillad baban
ac yn gorwedd mewn preseb,
ac yng nghwmni bugeiliaid a doethion,
i syrthio i lawr a'i addoli.

Cyflwynwn i ti, Arglwydd, ein moliant a'n diolch,
am ystyr a llawenydd yr ŵyl ryfeddol hon.
Diolch i ti am *genadwri'r* Nadolig:
am dduwdod yn plygu at ein gwendid ni;
am fawredd yn amlygu ei hun mewn gostyngeiddrwydd;
am rym achubol mewn baban diymadferth.
Diolch i ti am *lawenydd* y Nadolig:
am newyddion da i'w dathlu;
am garol a chân i seinio'n clod,
am bob mwynhad a gawn yng nghwmni'n gilydd.
Diolch i ti am *ysbryd* y Nadolig:
am garedigrwydd a sirioldeb;
am y boddhad o roi a derbyn;
am haelioni a hwyl, am gwmni a gwledd.
Diolch i ti am *her* y Nadolig:
am y geni mewn tlodi sy'n herio'n bywyd goludog;
am y gwyleidd-dra sy'n cywilyddio'n balchder;
am y tangnefedd sy'n ceisio lle yn ein calonnau.

Cyflwynwn i ti, O Dduw, ofidiau a helyntion dy blant
a phawb sydd mewn angen y Nadolig hwn.
Gwared ni rhag anghofio ynghanol ein digonedd
y cleifion a'r cystuddiol,
y tlawd a'r newynog,
yr unig a'r trallodus.
Tywys hwy at y Crist a ddaeth i'r byd
i weini wrth y llesg a'r gwan.
Cymorth ni i wrando ar gân yr angylion
ac i geisio tangnefedd ar y ddaear:
tangnefedd rhwng cenhedloedd a phobloedd;
tangnefedd yn ein perthynas â'n gilydd;
tangnefedd yn ein cartrefi ac yn ein calonnau.
Amddiffyn y rhai sy'n annwyl gennym
a'r rhai sydd ymhell oddi cartref,
a dyro inni oll y Nadolig hwn
ddedwyddwch a llawenydd dy bresenoldeb;
trwy Iesu Grist ein Harglwydd. AMEN.

Iesu

'Pwy bynnag sy'n cyffesu bod Iesu yn Fab Duw, y mae Duw yn aros ynddo ef, ac yntau yn Nuw. Felly yr ydym ni wedi dod i adnabod a chredu'r cariad sydd gan Dduw tuag atom.' (1 Ioan 4: 15-16).

*

Arglwydd Iesu, Fab y Duw byw,
cofiwn dy orchymyn:
'Arhoswch ynof fi a minnau ynoch chi . . .'
Cynorthwya ni yn awr i aros
yn dy bresenoldeb sanctaidd,
yn dy gariad tyner,
yn dy dangnefedd sydd uwchlaw pob deall,
yn dy fywyd atgyfodedig sy'n gorchfygu a bywhau,
ac o aros ynot,
dangos i ni gariad y Tad,
anadla arnom dy Ysbryd,
meddianna a sancteiddia ni.

*

Arglwydd Iesu Grist,
rhoddwyd i ti enw sydd goruwch pob enw,
fel wrth dy enw di
y plygai pob glin yn y nef ac ar y ddaear,
ac y cyffesai pob tafod
dy ogoniant a'th arglwyddiaeth.
Plygu ger dy fron mewn addoliad a wnawn ninnau
i ddiolch i ti
am yr hyn a fuost yn nyddiau dy gnawd;
am yr hyn ydwyt yng ngogoniant y nefoedd;
am yr hyn ydwyt i'th eglwys ac i'th bobl.

Iesu, blentyn Nasareth,
cofiwn i ti gael dy fagu mewn cartref cyffredin
a phrofi cariad tad a mam;
gwylia dros ein teuluoedd ninnau
a rho i ni addfwynder a thynerwch tuag at ein gilydd.

Iesu, fab y saer,
cofiwn i ti ddysgu crefft dy dad
a throi dy law i lafurio, i greu ac i gyfannu;
bendithia ni yn ein gwaith beunyddiol,
fel y defnyddiwn ein doniau i wasanaethu eraill.

Iesu, athro ac arweinydd,
  cofiwn i ti alw dy ddisgyblion cyntaf
  i fod yn gwmni ac yn gymorth i ti yn dy waith;
  gwna ninnau yn ufudd i'th alwad
  ac yn barod i fentro popeth dros dy deyrnas.

Iesu, feddyg da,
  cofiwn i ti fynd o amgylch gan wneud daioni
  ac iacháu pob afiechyd a llesgedd ymhlith y bobl;
  tosturia wrth y rhai sydd heddiw yn glaf ac yn wan
  ac estyn dy law i esmwythau eu cur.

Iesu, gyfaill pechaduriaid,
  cofiwn i ti estyn dy gyfeillgarwch i'r gwrthodedig
  a gweld gwerth ac urddas y distadlaf rai;
  edrych heibio i'n beiau a'n pechodau ni
  ac yn dy drugaredd gwna ni yn greaduriaid newydd.

Iesu'r gwas,
  cofiwn i ti ddod, nid i gael dy wasanaethu ond i wasanaethu,
  ac arwyddo hynny trwy blygu i olchi traed dy ddisgyblion;
  cynorthwya ni i ganfod y grym sydd mewn gostyngeiddrwydd
  a'r mawredd sydd mewn gwyleidd-dra.

Iesu, waredwr,
  cofiwn i ti ddioddef a marw drosom ar y groes
  er mwyn ein cymodi â Duw ac â'n gilydd;
  rho i ni ffydd i ymddiried yn nirgelwch dy aberth
  ac achub ni o dywyllwch ein pechod a'n hanobaith.

Iesu, Fab Duw,
  daethost i ddangos i ni wyneb a chalon y Tad
  ac ynot gwelodd yr oesau ddisgleirdeb y goleuni dwyfol;
  agor ein llygaid i ddarganfod Duw yn dy ddyndod di
  ac i dyfu beunydd yn ein hadnabyddiaeth ohonot.

Ac i ti, O Grist, gyda'r Tad a'r Ysbryd Glân,
  y bo'r clod a'r gogoniant dros byth. AMEN.

Amser

'Arglwydd, buost yn gadernid i ni ymhob cenhedlaeth.
Cyn geni'r mynyddoedd,
a chyn esgor ar y ddaear a'r byd,
o dragwyddoldeb hyd dragwyddoldeb, ti sydd Dduw.
Felly dysg ni i gyfrif ein dyddiau,
inni gael calon ddoeth.' (Salm 90: 1, 12)

*

O Dduw tragwyddol,
Arglwydd amser a brenin tragwyddoldeb,
yr wyt ti yn aros yr un
ddoe, heddiw ac yn dragywydd;
nid yw dy gariad yn darfod gydag amser
na'th drugaredd yn pallu gydag amgylchiadau.
Am y breintiau a'r bendithion a roddaist i ni:
am dy amddiffyn yn y gorffennol,
dy gwmni yn y presennol,
a'r addewid o'th arweiniad i'r dyfodol—
offrymwn i ti glod, mawl ac addoliad.

*

Gweddi o ddiolch. Rhown ddiolch i Dduw am holl ddyddiau ein bywyd, am ei fendithion ef i ni ac am ei arweiniad a'i ymgeledd . . .

Yr wyt ti, Arglwydd, yn bresennol ynghanol ein blynyddoedd
yn arwain, yn amddiffyn ac yn achub.
Er ein hofnau a'n pryderon
wrth i ni ystyried treigliad amser—
ei funudau, ei oriau a'i ddyddiau
yn darfod ac yn diflannu—
dysg ni fod amser yn rhan o'th greadigaeth di
a'th fod yn rhoi iddo bwrpas a chyfeiriad.
Yn dy Fab Iesu Grist
daethost i sancteiddio'r tymhorol
a rhoi iddo ystyr tragwyddol.

Diolch iti am ddyddiau ein bywyd,
am yr amser a roddaist i ni i fyw ac i fwynhau dy fyd;
am bob dydd newydd a ddaw i ni,
am bob awr yn llawn posibiliadau,
am bob cyfle a phob profiad gwerthfawr,
am fendithion ddoe a gobeithion yfory,
ac am y sicrwydd y byddi di yn ein tywys
y tu draw i ffiniau amser
i'th drigfannau tragwyddol.

Gweddi o gyffes. Cydnabyddwn yn edifeiriol feiau a phechodau'r gorffennol a'n hesgeulustod a'n camddefnydd o'r dyddiau a rydd Duw ni . . .

Am inni golli a gwastraffu
cymaint o'r amser a roddaist i ni;
am i ni lenwi ein dyddiau â phethau di-fudd
ac anghofio'r pethau mwyaf eu pwys;
am ein hofnau a'n pryderon
a'n diffyg ffydd yn dy ofal drosom;
am i ni golli llawer cyfle i estyn cymwynas,
i feithrin cyfeillgarwch
ac i dystio i Iesu Grist:
maddau i ni, O Dduw.
Wrth edrych yn ôl dros dudalennau llyfr bywyd,
cywilyddwn o weld y brychau a'r beiau.
Cyffeswn y cyfan ger dy fron,
ymddiriedwn yn dy drugaredd
ac erfyniwn am dy faddeuant.

Gweddi o ymbil. Cyflwynwn ein hunain a'n gilydd a phawb sydd mewn angen, gwendid a gofid, i ofal ac ymgeledd Duw . . .

Yn dy law di, Arglwydd, y mae'n hamseroedd;
cyflwynwn ein dyddiau oll i ti,
gan ofyn am dy gymorth
i gyflawni dy ewyllys di ynddynt.
Cyflwynwn i ti bawb sydd mewn pryder a phoen,
mewn hiraeth ac unigrwydd:
goleua'u llwybrau a nertha'u camre ymlaen,
a chymorth ni oll i fyw yn fwy teilwng ohonot,
er mwyn Iesu Grist ein Harglwydd. AMEN.

CREAWDWR

'Yn y dechreuad creodd Duw y nefoedd a'r ddaear.' (Gen. 1: 1)
'Onid un tad sydd gennym oll? Onid un Duw a'n creodd? Pam felly yr ydym yn dwyllodrus tuag at ein gilydd gan ddifwyno cyfamod ein tadau?' (Mal. 2: 10)

*

Greawdwr Dduw, a wnaeth y byd,
a ddygaist drefn o anhrefn,
a lenwaist y gwacter â'th Air,
ac a anadlaist ynom dy anadl di:
rhyfeddwn at dy allu,
cydnabyddwn ein dibyniaeth arnat,
ac offrymwn i ti ein clod a'n haddoliad.

*

Arglwydd, mor ardderchog yw dy greadigaeth,
a thithau'n fwy gogoneddus na'th holl weithredoedd yn y cread:
moliannwn di am yr hyn ydwyt
ac am yr hyn a wnaethost.

'Dywedodd Duw, "Bydded goleuni . . . a bu goleuni".'
Fel y creaist oleuni i orchfygu'r tywyllwch,
diolchwn i oleuni dy wirionedd
lewyrchu arnom yn dy Air,
ac i ni weld disgleirdeb dy gariad
yn wyneb Iesu Grist,
y gwir oleuni sy'n llenwi'r cread.
Arglwydd, gwna ni yn blant y goleuni.

'Dywedodd Duw, "Bydded ffurfafen yng nghanol y dyfroedd".'
Fel y creaist y ffurfafen i gylchynu'r byd,
gan ennyn ein harswyd a'n rhyfeddod,
diolchwn am ehangder dy gariad
o'n hamgylch ac uwch ein pennau,
yn ein cynnal trwy lawogydd a storm
ac yn ein dysgu i ymddiried yn dy ofal.
Arglwydd, rho i ni yn ein ffydd orwelion eang.

'Dywedodd Duw, "Ymddangosed tir sych . . . a dyged y ddaear dyfiant".'
Fel y creaist y ddaear yn ffrwythlon
a'i rhoi yn gartref i ddyn ac anifail,

agor ein llygaid i weld gwaith dy law
ar fyd natur o'n cwmpas,
i barchu'r ddaear a'i thrin yn gyfrifol
a gwarchod ei hadnoddau i'r dyfodol.
Arglwydd, cadw ni rhag difwyno dy fyd.

'Dywedodd Duw, "Bydded goleuadau yn ffurfafen y nefoedd, i wahanu'r dydd oddi wrth y nos".'
Fel y creaist yr haul, y lloer a'r sêr
i arwyddo dydd a nos a thymor,
gwna ni yn ymwybodol o dreigl amser,
o ffiniau ein deall a'n balchder dynol,
ac yn llewyrch haul dy gyfiawnder
deffro ynom ddyhead am dragwyddoldeb.
Arglwydd, gad i ni gysegru'n hamser i ti.

'Dywedodd Duw, "Dyged y ddaear greaduriaid byw yn ôl eu rhywogaeth".'
Fel y creaist bysgod, adar ac anifeiliaid
i fod yn bartneriaid â ni ar y ddaear,
ac i rannu â ni y tir, yr awyr a'r môr,
dysg i ni drysori
amrywiaeth y creaduriaid sydd o'n cwmpas,
a'u diogelu mewn tiriondeb a thynerwch.
Arglwydd, cadw ni rhag byw i ni ein hunain.

'Dywedodd Duw, "Gwnawn ddyn ar ein delw, yn ôl ein llun ni" . . . yn wryw ac yn fenyw y creodd hwy".'
Fel y creaist bobl o'r un anian â thi dy hun
a'u gosod yn stiwardiaid ar dy fyd,
ac fel y daethost i'n daear yn y dyn Iesu
i'n gwneud yn greaduriaid newydd,
cadw ni mewn perthynas â thi,
a dysg ni i gyd-fyw fel plant ein Tad nefol.
Arglwydd, dathlwn ein bywyd ynot ti.

Fel y sancteiddiaist y seithfed dydd
yn ddydd o orffwys ac addoliad,
derbyn offrwm ein moliant ni:
am i ti ein creu a'n cynnal yn dy gariad,
a'n dwyn i fywyd newydd
trwy dy Fab Iesu Grist,
ein Harglwydd a'n gwaredwr. AMEN.

UNDOD

'Un corff sydd, ac un Ysbryd, yn union fel mai un yw'r gobaith sy'n ymhlyg yn eich galwad; un Arglwydd, un ffydd, un bedydd, un Duw a Thad i bawb, yr hwn sydd goruwch pawb, ac ym mhawb.' (Effes. 4: 4-6).

*

Arglwydd sanctaidd,
  yr wyt ti yn un Duw a Thad i bawb:
  molwn di mai ohonot ti ac ynot ti
  y mae pob peth yn tarddu ac yn bodoli.
Molwn di am i ti, trwy Iesu Grist dy Fab,
  ein tywys i undod â thi ac â'n gilydd.
Molwn di am i ti, trwy dy Ysbryd Glân,
  ein galw i fynegi ein hundod yn dy eglwys
  ac i weithio dros gymod a chytgord yn dy fyd.
Molwn di am i ti, trwy dy Air,
  ein galw i fod yn un fel yr wyt ti,
  Dad, Mab ac Ysbryd Glân,
  yn un tragwyddol Dduw yn oes oesoedd.

*

Rhown ddiolch i Dduw am ei eglwys ac am iddo'n galw i undod â'n gilydd yn Iesu Grist . . .

Diolchwn i ti, O Dduw,
  ein bod yn rhan o un corff dy eglwys,
  o dan arweiniad yr un Ysbryd,
  yn arddel yr un Arglwydd,
  yn cyffesu yr un ffydd,
  yn dathlu yr un bedydd
  sy'n ein clymu â'n gilydd yng Nghrist.
Diolchwn i ti am alw dy bobl o bedwar ban y byd—
  o'r gogledd a'r gorllewin,
  o'r dwyrain a'r de—
  i fod yn un ac yn ddedwydd ynot ti.
Diolchwn i ti am ein galw ninnau
  o'n gwahanol gartrefi,
  o'n gwahanol alwedigaethau,
  o'n gwahanol amgylchiadau,
  i fynegi yn ein hamrywiaeth
  y cariad sy'n rhwymo ynghyd holl bobl Dduw.

Diolchwn i ti am yr holl fendithion
a ddaw i ni drwy fywyd a chymdeithas
dy eglwys yn ei hamrywiol draddodiadau,
a dathlwn ein hetifeddiaeth gyffredin
fel cyd-aelodau o deulu'r ffydd.

Cyffeswn gerbron Duw ein methiant i uno corff drylliedig Crist a'r pechodau hynny sy'n creu dieithrwch a rhaniadau rhyngom a'n gilydd . . .

Mewn edifeirwch a chywilydd
cyffeswn i ti, Arglwydd,
y beiau a'r pechodau hynny sy'n ein rhannu
oddi wrth ein cyd-ddynion a'n cyd-Gristnogion:
y rhagfarnau sy'n ein rhwystro rhag gwerthfawrogi
trysorau a doniau ysbrydol ein gilydd;
y culni sy'n ein rhwystro rhag ystyried
safbwynt eraill a dysgu oddi wrthynt;
yr amharodrwydd i ymysgwyd o afael y cyfarwydd
a'r traddodiadol ac i ganfod gyda'n gilydd
ffyrdd newydd ac amgenach o dystio i ti;
y balchder sy'n ein rhwystro rhag cydnabod
tramgwydd ein rhaniadau i genhadaeth yr efengyl.
Arglwydd, gwna ni yn wir edifeiriol
a derbyn ni mewn maddeuant fel dy eiddo dy hun.

Gweddïwn am gymorth Duw i ymrwymo i'r dasg o geisio cymod ac undod yn yr eglwys, yn ein cymdogaeth ac ymhlith ein cyd-ddynion . . .

Arglwydd, rho i ni weledigaeth o'th eglwys
wedi ei huno, ei hadfywio a'i harfogi
i gyflawni ei chenhadaeth ac i dystio i ti.
Rho i ni oddefgarwch i dderbyn ein gilydd
fel yr wyt ti wedi'n derbyn ni.
Rho i ni ffydd i oresgyn pob rhaniad rhyngom
trwy gyd-weddïo a chyd-weithio dros dy deyrnas.
Rho i ni'r gobaith sy'n ymhlyg yn ein galwad
y gwelwn dy ddiadell wasgaredig yn dod ynghyd
yn un praidd o dan un bugail,
ein Harglwydd a'n gwaredwr Iesu Grist. AMEN.

YMGYSEGRIAD

'Yr wyf yn ymbil arnoch, frodyr, ar sail tosturiaethau Duw, i'ch offrymu eich hunain yn aberth byw, sanctaidd a derbyniol gan Dduw. Felly rhowch iddo addoliad ysbrydol.' (Rhuf. 12: 1)

*

Dduw, ein Tad,
Arglwydd nef a llawr,
ffynhonnell ac egni bywyd:
Molwn a chlodforwn di.

Arglwydd Iesu Grist
ein gwaredwr a'n gobaith,
rhoddwr bywyd yn ei helaethrwydd:
Molwn a chlodforwn di.

Ysbryd Sanctaidd,
ein diddanydd a'n harweinydd,
nerth a bywyd Duw ynom:
Molwn a chlodforwn di.

Dduw Dad, Mab ac Ysbryd Glân,
cymer ein cariad a'n hufudd-dod,
ein ffydd a'n bywyd,
yn aberth byw ac yn addoliad ysbrydol i ti.

*

Rhown ddiolch i Dduw am ei roddion i ni, am freintiau ein bywyd beunyddiol ac am y bendithion a ddaw i ni yng Nghrist . . .

Rhown ddiolch i ti, Arglwydd,
am dy roddion hael:
am bopeth sy'n harddu a llonni ein dyddiau;
am iechyd a synhwyrau;
am waith a gorffwys;
am serchiadau a chyfeillgarwch;
am harddwch a hapusrwydd;
am fywyd newydd yn Iesu Grist;
am ei gariad ef yn ein cymodi â thi
ac yn ein dysgu i garu ein gilydd;
am ei arweiniad ef ym mhob argyfwng
a thrwy bob awr dywyll;

am ei fuddugoliaeth ef ar bechod ac angau
a'r sicrwydd ei fod gyda ni bob amser,
hyd ddiwedd y byd.
Arglwydd, derbyn ein diolch.

Cyffeswn ger bron Duw ein beiau a'n pechodau yn ei erbyn ef ac yn erbyn ein gilydd a gweddïwn am ei faddeuant . . .

Plygwn yn ostyngedig o'th flaen, Arglwydd,
gan gydnabod baich ein troseddau i'th erbyn.
Cyffeswn i ni'n aml grwydro oddi ar dy lwybrau
a mynnu dilyn ein ffordd ein hunain.
Cyffeswn i ni fod yn fyddar i lais dy Ysbryd
a diystyru dy alwadau di arnom.
Cyffeswn i ni wastraffu ein hamser a'n doniau
a cholli llawer cyfle i gyffesu Crist.
Cyffeswn i ni'n aml fethu dy garu di
na charu eraill yn dy enw.
Bydd drugarog wrthym a maddau i ni,
a chymorth ni i fyw yn fwy teilwng ohonot.
Arglwydd, derbyn ein hedifeirwch.

Gweddïwn am ras i gyflwyno'n hunain a phob rhan o'n bywyd i'r Arglwydd Iesu Grist ac i waith ei deyrnas . . .

I ti, Arglwydd, y cyflwynwn ein hunain
mewn cariad ac ufudd-dod:
ein meddyliau — i ddeall dy ewyllys,
ein llygaid — i weld anghenion eraill,
ein clustiau — i wrando cri y trallodus,
ein lleisiau — i lefaru trosot,
ein dwylo — i weithio dros dy deyrnas,
ein bywyd — i'w ddefnyddio yn dy waith,
ein calonnau — i dderbyn a mynegi dy gariad.
Arglwydd, derbyn ein hymgysegriad.

Arglwydd, rho i ni yn ein bywyd Cristnogol
ddyfnder a pharhad yn ein ffydd;
ffyddlondeb a theyrngarwch yn ein gwasanaeth;
ymlyniad a gwres yn ein cariad,
a phenderfyniad i ddilyn Iesu hyd y diwedd. AMEN.

Canlyn

'Os yr Arglwydd sydd Dduw, dilynwch ef . . .' (1 Bren. 18: 21)
Dywedodd Iesu, 'Deuwch ar fy ôl i, ac fe'ch gwnaf yn bysgotwyr dynion.' (Math. 4: 19)
'Os yw dyn am fy ngwasanaethu i, rhaid iddo fy nghanlyn i: lle bynnag yr wyf fi, yno hefyd y bydd fy ngwasanaethwr.' (Ioan 12: 26)

*

Dragwyddol Dduw Dad,
am i ti ein cyfarch yn dy Fab Iesu Grist,
dyrchafwn ein lleisiau mewn mawl i ti.
Am i ti ddangos i ni dy gariad,
mynegwn ninnau ein cariad tuag atat.
Am i Iesu ein galw i'w ganlyn,
dathlwn ein galwedigaeth
a chyflwynwn ein hunain —
ein doniau a'n diffygion,
ein ffydd a'n ffaeleddau —
i ti ein cymryd, ein cywiro a'n defnyddio
yng ngwaith dy deyrnas.

*

Grist ein brawd,
yr wyt ti yn galw ac yn cymell,
'Deuwch ar fy ôl i . . . Canlynwch fi!'
Cymorth ni i ymateb ac i'th ganlyn,
nid rhan o'r ffordd ond i ddiwedd y daith;
nid yn achlysurol ond bob amser.

Cymorth ni i'th ganlyn
trwy ddyfroedd dwfn dy fedydd:
i edifarhau am feiau ein doe a'n hechdoe,
i ymolchi yn ffrydiau dy faddeuant,
a chyda thi i wynebu her y byd
mewn ufudd-dod i alwad y Tad:
Iesu ein brawd, cymorth ni i'th ganlyn.

Cymorth ni i'th ganlyn
i unigeddau'r anialwch:
i ymprydio a gweddïo gyda thi,
i ymwrthod â ffug werthoedd moethusrwydd,
â ffordd poblogrwydd a llwyddiant,
â grym ac awdurdod bydol:
Iesu ein brawd, cymorth ni i'th ganlyn.

Cymorth ni i'th ganlyn
i gwmni'r gwan a'r gwrthodedig:
i ymgeleddu'r gwahanglwyf,
i gyhoeddi maddeuant i'r euog,
i gynnig cyfeillgarwch i'r unig a'r digyfaill,
i dorri bara'r bywyd â'r newynog:
Iesu ein brawd, cymorth ni i'th ganlyn.

Cymorth ni i'th ganlyn
ar dy daith i Jerwsalem:
i rodio'n ufudd ac yn wrol,
i wynebu gwrthwynebiad a gwawd y byd,
ac i lynu'n ffyddlon wrthyt
yn awr y bradychu, y cyfaddawdu a'r cilio:
Iesu ein brawd, cymorth ni i'th ganlyn.

Cymorth ni i'th ganlyn
i Galfaria ac i ing dy groes:
i'th weld yn un â holl ddioddefiadau'r byd,
i brofi rhin y cymod rhwng Duw a dyn,
i osod ein gobaith yn dy gariad aberthol,
ac i farw i bob balchder a phechod sydd ynom:
Iesu ein brawd, cymorth ni i'th ganlyn.

Cymorth ni i'th ganlyn
allan o dywyllwch y bedd i wawr y trydydd dydd;
i rannu yn dy fywyd atgyfodedig,
i'n hadnewyddu ar ddelw dy gariad,
i'th wasanaethu fel dy gorff newydd yn y byd,
i barhau dy waith ac i estyn dy deyrnas.
Iesu ein brawd, cymorth ni i'th ganlyn,
yn awr a hyd byth. AMEN.

GWYNFYDAU

'Gwyn ei fyd y gŵr sy'n ofni'r Arglwydd,
ac yn ymhyfrydu'n llwyr yn ei orchymynion.' (Salm 1112: 1)
'Bendigedig fyddo Duw a Thad ein Harglwydd Iesu Grist! Y mae wedi'n bendithio ni yng Nghrist â phob bendith ysbrydol yn y nefoedd!' (Effes. 1: 3)

*

Clodforwn di, O Dduw,
am dy ddaioni tuag atom yn dy Fab Iesu Grist:
ynddo ef datguddiaist dy hun inni;
trwyddo ef rhoddaist inni
iachawdwriaeth, wynfyd a gras;
iddo ef gelwaist ni i fod yn ddisgyblion
ac yn ddeiliaid dy deyrnas.

*

Thema ein gweddïau yw Gwynfydau yr Arglwydd Iesu.
Gweddïwn am ras i ddilyn Iesu ac i geisio'r bendithion a addawodd i'r rhai sy'n ei ddilyn . . .
Arglwydd, diolchwn i ti
am y bywyd, y gobaith a'r goleuni
sydd yng ngeiriau'n Harglwydd Iesu.
O fyfyrio ar ei Wynfydau ac o ymddiried ynddo
gad i ni brofi o rin ei addewidion.

Dywedodd Iesu, 'Gwyn eu byd y tlodion yn yr ysbryd . . .'
Arglwydd, cynorthwya ni
i sylweddoli ein tlodi,
i gydnabod ein hangen amdanat,
ac i ganfod goludoedd a bendithion dy deyrnas.

Dywedodd Iesu, 'Gwyn eu byd y rhai sydd yn galaru . . .'
Arglwydd, cynorthwya ni
i alaru am ein beiau a'n diffygion,
ac yn niddanwch dy drugaredd
i ganfod yr hedd sy'n ein cynnal ymhob gofid a phoen.

Dywedodd Iesu, 'Gwyn eu byd y rhai addfwyn . . .'
Arglwydd, cynorthwya ni
i orchfygu pob balchder a gwag ogoniant,
i ddysgu rhodio'n ostyngedig,
ac i efelychu Iesu yn ei dynerwch a'i addfwynder ef.

Dywedodd Iesu, 'Gwyn eu byd y rhai sydd arnynt newyn a syched am gyfiawnder . . .'
Arglwydd, cynorthwya ni
i ddyheu am gyfiawnder a daioni,
fel y dyhea'r newynog am fara a'r sychedig am ddŵr,
fel y profwn y diddanwch nefol sydd ynot ti, ein Duw.

Dywedodd Iesu, 'Gwyn eu byd y trugarogion . . .'
Arglwydd, cynorthwya ni
i weithredu trugaredd a charedigrwydd,
i ymatal rhag peri gofid a phryder i eraill,
fel y gweli'n dda i roi i ni o'th drugaredd dy hun.

Dywedodd Iesu, 'Gwyn eu byd y rhai pur o galon . . .'
Arglwydd, cynorthwya ni
i gadw'n meddyliau'n bur a'n cymhellion yn ddilychwin,
i dyfu mewn sancteiddrwydd a daioni,
fel y cawn syllu ar ddisgleirdeb dy sancteiddrwydd di.

Dywedodd Iesu, 'Gwyn eu byd y tangnefeddwyr . . .'
Arglwydd, cynorthwya ni
i wrthsefyll yn gadarn pob creulondeb a gormes,
i garu tangnefedd, i fyw yn heddychlon,
ac i geisio cymod rhwng dy blant ar y ddaear.

Dywedodd Iesu, 'Gwyn eu byd y rhai a erlidir o achos cyfiawnder . . .'
Arglwydd, cynorthwya ni
i dystio'n ffyddlon i'r gwir, y cyfiawn a'r pur,
fel na bydd cywilydd arnom byth
o efengyl Crist a'i gariad ef.

Arglwydd, gweddïwn yn ostyngedig am y bendithion hyn,
nid er mwyn ein hunain yn unig,
ond i'n cymhwyso ar gyfer dy waith yn y byd
ac fel y llewyrcho goleuni dy wirionedd drwom;
trwy Iesu Grist ein Harglwydd. AMEN.

GWASANAETH

'Gwasanaethwch yr Arglwydd mewn llawenydd, deuwch o'i flaen ef â chân.' (Salm 100: 2)

'Yn ddiorffwys eich ymroddiad, yn frwd eich ysbryd, gwasanaethwch yr Arglwydd.' (Rhuf. 12: 11)

*

Dad pob daioni a rhoddwr pob dawn,
rhoddaist i ni ddyhead i'th geisio,
nerth i'th wasanaethu,
anadl i'th foliannu
a lleferydd i sôn amdanat.
Cynorthwya ni i ddefnyddio'r doniau hyn
i offrymu iti fawl ac addoliad,
ac i ymroi yn ffyddlon i'th waith.

*

Dywedodd Iesu, 'Pwy bynnag sydd am fod yn fawr yn eich plith, rhaid iddo fod yn was i chwi, fel Mab y Dyn na ddaeth i gael ei wasanaethu ond i wasanaethu.'

Rhown ddiolch i Dduw am iddo ein dysgu yn Iesu Grist ystyr ac urddas gwasanaeth . . .

Diolchwn i ti, O Dduw,
am bob gweledigaeth o'th wirionedd
a roddaist i ni yn dy Fab Iesu Grist.
Diolchwn i ti
am iddo fynd o amgylch gan wneud daioni
a gwasanaethu'r gwan a'r anghenus.
Diolchwn i ti
am iddo'n dysgu i garu'n gilydd,
ac am iddo roi inni esiampl o ostyngeiddrwydd
a gwasanaeth wrth olchi traed ei ddisgyblion.
Diolchwn i ti
am iddo gymryd agwedd gwas
a rhoi ei hun mewn cariad a thosturi drosom.
O fyfyrio ar ei wyleidd-dra,
cymorth ni i weld y gogoniant sydd mewn gwasanaeth
a'r urddas a berthyn i'r isel rai.

Dywedodd Iesu, 'Os yw dyn yn fy ngwasanaethu i, rhaid iddo fy nghanlyn i.'

Gweddïwn am gymorth Duw i ganlyn Iesu a'i efelychu . . .

O Dad, cymorth ni i ddilyn esiampl Iesu Grist,
i ymroi i'th wasanaethu di
a'n cyd-ddyn yn dy enw.
Cymorth ni i'th wasanaethu yn ein gwaith beunyddiol
trwy gysegru pob dawn a gallu sydd ynom i ti.
Cymorth ni i'th wasanaethu yn ein hymarweddiad a'n buchedd
fel y bo'n bywydau yn dystiolaeth i ti.
Cymorth ni i'th wasanaethu yn dy eglwys
trwy ymateb i'th alwad i fod yn bobl i ti.
Cymorth ni i'th wasanaethu
trwy estyn cysur a chymorth i'n cyd-ddyn,
a thrwy hynny gyflawni cyfraith Crist.

Dywedodd Iesu, 'Yn gymaint ag i chwi ei wneud i un o'r lleiaf o'r rhain, fy mrodyr, i mi y gwnaethoch.'

Gweddïwn dros bawb sydd mewn angen a phawb sy'n eu gwasanaethu . . .

O Dad, cyflwynwn i ti
y gorthrymedig a'r newynog,
y diymgeledd a'r llesg,
y trallodus a'r trist.
Gweddïwn dros bawb sy'n gweini arnynt
ac yn gweithio i leddfu poen a gorthrwm:
meddygon sy'n iacháu a chysuro;
gwyddonwyr sy'n ymchwilio a darganfod;
athrawon sy'n dysgu ac arwain;
bawb sy'n estyn cymorth ac ymgeledd
i'r trist, y gwan a'r anghenus,
a phawb sy'n cyflawni gweinidogaeth Crist y gwas.

Gwna ni oll yn gyfryngau dy dosturi i eraill.
Cymer ein dwylo a defnyddia hwy yn dy waith;
cymer ein calonnau a llanw hwy â chariad Crist;
cymer ein traed a thywys hwy yn dy lwybrau.
Gofynnwn hyn yn enw ac yn haeddiant Iesu Grist,
ein Harglwydd a'n gwaredwr. AMEN.

Disgyblion

'Deuwch i'r dyfroedd, bob un y mae syched arno . . .
Gwrandewch arnaf, deuwch ataf;
clywch, a byddwch fyw.' (Eseia 55: 1, 3)
Dywedodd Iesu, 'Os myn neb ddod ar fy ôl i, rhaid iddo ymwadu ag ef ei hun a chodi ei groes bob dydd a'm canlyn i.' (Luc 9: 23)

*

Cymorth ni, O Arglwydd,
i ymateb i'th alwad di arnom,
i'th geisio di yn ffyddlon,
i'th addoli yn llawen,
ac i'th ganlyn yn ufudd
bob dydd o'n hoes.
Maddau i ni ein diffygion fel disgyblion i Iesu Grist:
ein methiant i'w ddilyn ac i ddysgu oddi wrtho,
ein methiant i ymddiried ynddo ac i geisio'i arweiniad,
ein methiant i dystio iddo ac i sefyll drosto.
Arglwydd trugarha wrthym, adfer a bywha ni.

*

Rhown ddiolch i Dduw am ddisgyblion Iesu Grist ym mhob oes ac am eu hesiampl a'u hysbrydiaeth i ni . . .

Diolch i ti, O Arglwydd,
am i ti ymhob oes a phob cenhedlaeth
alw rhai i fod yn bobl i ti
ac yn ddisgyblion i'th Fab Iesu Grist.
Diolch i ti am y Deuddeg cyntaf a glywodd ei alwad
ac a anfonwyd allan i gyhoeddi neges y deyrnas.
Diolch i ti am ymroddiad ac esiampl
y rhai ymhob cyfnod a glywodd ei lais,
ac a fentrodd bopeth mewn ufudd-dod iddo.
Diolch i ti am y rhai a gadwodd y golau'n ddisglair
mewn cyfnodau tywyll.
Diolch i ti am genhadon gwrol
a aethant â'r newyddion da i gyrrau pella'r byd.
Diolch i ti i oleuni a gobaith yr efengyl
ein cyrraedd ni trwy'r rhai fu gynt
yn ddisgyblion da a dewr i Iesu Grist.

Gweddïwn dros ddisgyblion Crist heddiw, dros yr eglwys drwy'r byd, ac yn arbennig dros y rhai a elwir i ddioddef dros y ffydd . . .

Cofiwn ger dy fron, O Arglwydd,
y rhai sydd heddiw'n dilyn Iesu ac yn tystio iddo:
y rhai sy'n cyhoeddi'r Gair
mewn mannau lle nad oes croeso i'r efengyl;
y rhai sy'n bwydo'r newynog a gweini i'r gwan
yng ngwledydd tlotaf y byd;
y rhai sy'n tystio i werthoedd y deyrnas
yn wyneb materoliaeth y gwledydd cyfoethog;
y rhai sy'n ymdrechu dros gyfiawnder a chymod
yn wyneb gormes, artaith ac angau;
y rhai sy'n gweithio'n dawel a diwyd
mewn llawer man digalon a di-hid yng Nghymru;
y rhai sy'n brwydro yn erbyn difaterwch eraill
neu eu methiant a'u digalondid eu hunain.
Cadw'n ddiogel y rhai sydd mewn peryglon,
mewn caethiwed, unigrwydd ac ofn.
Rho iddynt y sicrwydd
fod eu bywyd a'u gwaith yn ddiogel ynot ti.

Gweddïwn am ras i ninnau ymateb i alwad Iesu ac ymroi i'w ddilyn a'i wasanaethu . . .

Diolchwn i ti, O Arglwydd,
mai trwy gyfryngau dynol
yr wyt ti wedi gweithio erioed.
Gad i ninnau glywed llais Iesu dy Fab
yn ein cymell i'w ddilyn fel erioed,
a rho inni ras i ymgyflwyno iddo
ac i gysegru'n hamser a'n doniau i'w waith.
Gwna ni'n deyrngar i'n galwedigaeth,
yn frwd yn ein gwasanaeth,
yn eirwir ein tystiolaeth,
yn unplyg ein cerddediad —
yn ddisgyblion da i Iesu Grist,
ein hathro mawr a'n Harglwydd. AMEN.

Cenedl

'Molwch yr Arglwydd, yr holl genhedloedd;
clodforwch ef yr holl bobloedd,
oherwydd y mae ei gariad yn gryf tuag atom,
ac y mae ffyddlondeb yr Arglwydd dros byth.
Molwch yr Arglwydd.' (Salm 117)

*

Dduw, ein gwneuthurwr,
cydnabyddwn ein bod yn eiddo i ti.
Dduw, ein brenin,
talwn i ti ein gwrogaeth.
Dduw, ein cynhaliwr,
diolchwn i ti am dy fendithion.
Dduw, ein barnwr,
cyffeswn i ti ein pechodau.
Dduw, ein Tad,
cyflwynwn i ti ein cariad.
Dduw, ein Duw,
offrymwn i ti ein haddoliad
a molwn dy enw sanctaidd.

*

Arglwydd ein Duw,
fe greaist ti holl genhedloedd y ddaear
a'u gosod i gyd-fyw yn dy fyd.
Gwnaethost ni i gyd o un gwaed,
ac o fewn undod y teulu dynol
trefnaist amrywiaeth hiliau, ieithoedd a chenhedloedd,
a'u galw i fod yn blant i ti
ac yn frodyr a chwiorydd i'w gilydd.
Wrth i ni ddathlu ein lle o fewn y ddynoliaeth amrywiol hon,
rhown ddiolch i ti am greu Cymru —
am ei hanes a'i chymeriad
ac am bopeth da a berthyn iddi.

Diolch i ti am ei thir:
am brydferthwch y wlad a roddaist yn gartref i ni;
am ei mynyddoedd, ei dolydd a'i chymoedd;
am ein cartrefi a phob bro sy'n annwyl i ni.
Cadw ni rhag difwyno ein hamgylchfyd,
ond i warchod y darn hwn o'th ddaear.

Diolch i ti am ei hanes:
  am ei harloeswyr cynnar a gwladgarwyr bob oes;
  am bob dylanwad da a luniodd ei chymeriad;
  am bob ymdrech ac aberth a'i cadwodd yn fyw.
Cadw ni rhag canmol y gogoniant a fu
  heb ymdrechu i greu gwell yfory.

Diolch i ti am ei hiaith:
  ynddi diogelwyd stori'n gorffennol;
  trwyddi mynegwyd ein profiadau dyfnaf;
  ohoni llifa trysorau ein llên a'n tystiolaeth Gristnogol.
Cadw ni rhag ei dibrisio a'i cholli,
  ond i'w chadw'n fyw ac yn bur ar wefusau'n plant.

Diolch i ti am ei nawddsant, Dewi:
  am waith a chenhadaeth y seintiau cynnar;
  am dystiolaeth eu duwioldeb a'u buchedd;
  am iddynt ddwyn goleuni'r efengyl i'n gwlad.
Cadw ninnau'n ffyddlon i Iesu Grist
  ac yn dystion iddo yn ein hoes a'n cenhedlaeth ninnau.

Gweddïwn, Arglwydd, dros ein cenedl a'i phobl:
  dros ein cymdogaethau, ein trefi a'n pentrefi;
  dros ein cartrefi a'n bywyd teuluol;
  dros ein hysgolion, ein colegau a'n pobl ifanc;
  dros sefydliadau cyhoeddus, gwleidyddion a chynghorwyr;
  dros ddiwydiannau a'u gweithwyr;
  dros gefn gwlad a phawb sy'n trin y tir;
  dros y cyfryngau, cynhyrchwyr a darlledwyr;
  dros fudiadau diwylliannol, llenorion a beirdd;
  dros ysbytai, meddygon a chleifion;
  dros bawb sy'n gweinyddu'r gyfraith;
  dros y tlawd, y digartref a'r di-waith;
  dros ein heglwysi, cynulleidfaoedd dy bobl
  a lledaeniad dy deyrnas yn ein plith —

Rhag pob brad, nefol Dad,
Taena d'adain dros ein gwlad. AMEN.

Grawys

'Dychwel, Israel, at yr Arglwydd dy Dduw,
canys syrthiaist oherwydd dy ddrygioni.
Cymerwch eiriau gyda chwi
a dychwelwch at yr Arglwydd.' (Hosea 14: 1-2)

*

Dychwelwn atat ti, O Dduw,
yn enw Iesu Grist dy Fab —
y ffordd, y gwirionedd a'r bywyd.
Cadw ni rhag mynd ar gyfeiliorn ar lwybrau dieithr,
ond i rodio'n unig y ffordd a agorwyd gan Iesu
o ganol byd i ganol nef.
Cadw ni rhag cael ein temtio gan leisiau gau,
ond i wrando'n unig ar Iesu
a chanfod y gwirionedd sydd yn ei eiriau.
Cadw ni rhag cael ein hudo gan bethau'r ddaear,
ond i osod ein bryd ar Iesu
a derbyn ei fywyd ef i'n bywydau ni.
Ac i ti, O Dduw, y bo'r clòd a'r gogoniant.

*

'Arweiniwyd Iesu i'r anialwch gan yr Ysbryd, i gael ei demtio gan y diafol. Wedi iddo ymprydio am ddeugain dydd a deugain nos daeth arno eisiau bwyd . . .'

Bendithia ni, Arglwydd,
yn ystod y tymor Grawys hwn,
wrth i ni gofio ympryd a disgyblaeth Iesu
dros ddeugain diwrnod yn yr anialwch,
yn gorchfygu temtasiwn ac yn ei baratoi ei hun
ar gyfer ei waith achubol yn y byd.
Wrth i ni ddilyn ôl ei droed
o Galilea i Galfaria,
rho i ni yn ein pererindod
ymroddiad a disgyblaeth
i fod yn ddilynwyr teilwng iddo.

Rho i ni ddisgyblaeth ar ein meddyliau,
fel y gwrthodwn ystyried yr aflan a'r llygredig
a meddwl yn unig am yr hyn sydd wir,
hawddgar a sanctaidd.

Rho i ni ddisgyblaeth ar ein cyrff,
fel y dysgwn feistroli pob nwyd a chwant,
goresgyn hudoliaeth a themtasiwn y drwg,
a dod yn demlau addas i'th Ysbryd Glân.

Rho i ni ddisgyblaeth ar ein siarad,
fel na lefarwn y gair creulon,
na'r un celwydd na chabledd,
ond y ceisiwn bob amser wefus bur.

Rho i ni ddisgyblaeth yn ein gwaith,
fel y gochelwn rhag pob diofalwch a diogi,
a cheisio cyflawni dy ewyllys di yn ein goruchwylion,
fel gweithwyr diwyd a chydweithwyr â thi.

Rho i ni ddisgyblaeth yn ein bywyd ysbrydol,
fel y byddwn yn ffyddlon yn ein defosiwn,
yn ymroddgar mewn gweddi,
gan neilltuo amser yn gyson i fod gyda thi.

O ddilyn Iesu yn ei hunan-aberth
a rhannu yng nghymdeithas ei ddioddefiadau,
gad i ni hefyd gyfranogi o orfoledd ei fuddugoliaeth.

Arglwydd Iesu Grist,
fe brofaist ti galedi'r diffeithwch
ac ing temtasiwn;
estyn dy gymorth i'r rhai sydd mewn argyfwng:
y rhai sy'n dwyn beichiau a chyfrifoldebau trymion
ac a demtir i rhoi'r gorau i'r ymdrech;
y rhai sy'n ymdrechu o dan amgylchiadau anodd
i warchod priodas a theulu
ac a demtir gan fethiant a digalondid;
y rhai sy'n dioddef gwawd a gwrthwynebiad
am eu tystiolaeth i ti
ac a demtir i golli ffydd;
y rhai sydd mewn afiechyd, llesgedd a phoen
ac a demtir i anobeithio am wellhad.
Rho iddynt hwy ac i ninnau ras i ddyfalbarhau
a rhan yn llawenydd dy oruchafiaeth. AMEN.

Ffordd

'Dysg i mi dy ffordd, O Arglwydd,
arwain fi ar hyd llwybr union.' (Salm 27: 11)
'Dywedodd Iesu, Myfi yw'r ffordd, a'r gwirionedd a'r bywyd.
Nid yw neb yn dod at y Tad ond trwof fi.' (Ioan 14: 6)

*

Wele ni, Arglwydd,
yn cerdded ffyrdd dy gysegr a llwybrau gweddi.
Cynorthwya ni i'th addoli,
nid mewn geiriau yn unig,
ond trwy rodio ffordd dy Fab Iesu Grist
bob dydd o'n hoes a byw i'w wasanaethu.
Maddau i ni am grwydro'n aml oddi wrthyt,
am i ni gael ein hudo gan lwybrau esmwythach,
ac am i ni droeon fynnu cymryd ein ffordd ein hunain.
Cyfeiria'n traed at y trugaredd a'r maddeuant
sy'n eiddo i ni yn ein Harglwydd Iesu Grist.

*

Diolch i ti, Arglwydd, am bob profiad aruchel,
bob bendith a phob gweledigaeth a ddaw i ni
o gerdded ffordd yr efengyl.
Diolch i ti fod y ffordd hon yn arwain
o dywyllwch i oleuni,
o dristwch i lawenydd,
o ganol byd i ganol nef.
Diolch i ti am y rhai a'n tywysodd i adnabod Iesu,
ac a'n dysgodd mai ei ffordd ef
yw'r unig ffordd werth ei thramwyo.
Diolch i ti am bopeth a ddysgwn am y ffordd hon
yn y Beibl, yn nefosiwn yr oesau,
ac yn esiampl y saint,
a diolch i ti am dy gwmni di ar ein taith.
Pan yw'r llwybr yn droellog,
yr hin yn anffafriol a'r teithio'n anodd,
yr wyt ti yn nerth ac yn arweinydd i ni.
Pan yw'n calonnau'n drist,
yr wyt ti wrth law i'n cynnal a'n calonogi.
Pan grwydrwn oddi ar dy lwybrau,
yr wyt ti yn ein tywys yn ôl atat dy hun.

Gweddïwn dros bawb sy'n cerdded ffordd yr efengyl.
Gweddïwn dros blant a phobl ifanc
sy'n cychwyn ar y daith —
helpa hwy i ganfod llwybr y bywyd,
a phlanna awydd ynddynt i'th ddilyn di.
Gweddïwn dros y rhai sydd wedi cyrraedd
carreg filltir bwysig ar y ffordd:
yn cychwyn ar waith eu bywyd,
neu'n priodi a sefydlu eu cartref eu hunain,
neu'n mentro i gylch newydd,
neu wlad ddieithr —
helpa hwy i lynu wrth y pethau gorau,
a chadw eu ffydd yn fyw.
Gweddïwn dros y profiadol a'r aeddfed,
a'r rhai fu'n cerdded y ffordd ers blynyddoedd —
nertha hwy i barhau i ymdrechu,
a chynnal hwy pan ddaw'r demtasiwn i gilio.
Gweddïwn dros yr hen a'r rhai sy'n tramwyo
milltiroedd olaf y daith —
bydd gyda hwy pan fydd eu nerth yn pallu,
a rho iddynt sicrwydd dy fod gyda hwy
hyd y diwedd a thrwy'r diwedd
i gychwyn newydd yn dy gwmni a'th oleuni di.
Gweddïwn dros bawb sy'n cael y daith yn anodd:
rhai oherwydd afiechyd a gwendid corff,
rhai oherwydd iselder ysbryd a phryder meddwl,
rhai oherwydd amheuon ac ansicrwydd —
estyn dy law i'w codi i fyny,
a nertha eu camre ymlaen.
A phan ddaw diwedd y daith,
na foed i neb o'th blant fod ar goll,
ond tywys ni oll adref yn ddiogel
i'th bresenoldeb di dy hun.
Gofynnwn hyn yn enw Iesu Grist,
ein Harglwydd, ein harweinydd a'n nod. AMEN.

FFYDDLONDEB

'Canaf byth am dy gariad, O Arglwydd,
ac â'm genau mynegaf dy ffyddlondeb
dros y cenedlaethau.' (Salm 89: 1)
'Nid oes terfyn ar drugaredd yr Arglwydd,
ac yn sicr ni phalla ei dosturiaethau.
Y maent yn newydd bob bore,
a mawr yw dy ffyddlondeb.' (Galarnad 3: 22-23)

*

O Dduw ein Tad a'n Harglwydd,
yr wyt ti yn aros yr un bob amser
ac nid yw dy ffyddlondeb yn diffygio byth.
Dyrchafwn ein calonnau mewn mawl
am dy gariad tuag atom ni dy blant
ac am newydd-deb beunyddiol dy fendithion.
Cymorth ni i'th glodfori,
nid â'n gwefusau yn unig,
ond â bywydau wedi eu cysegru i ti
mewn ffydd a gwasanaeth.

*

Rhown ddiolch i Dduw am ei ffyddlondeb tuag atom, ei ofal drosom a'r bendithion a ddaw i ni bob dydd oddi ar ei law . . .

Arglwydd, rho i ni galon lân a gostyngedig
i gydnabod yn ddiolchgar
dy ffyddlondeb a'th ddaioni i ni dy blant.
Diolchwn nad wyt yn rhy fawr i wrando'n gweddïau,
ond diolchwn dy fod yn ddigon mawr
i bontio'r agendor rhyngom a thydi.
Diolchwn fod dy gariad yn ddigon mawr
i ddarparu ar ein cyfer ac i wylio drosom.
Diolchwn fod dy drugaredd yn ddigon mawr
i gydymddwyn â'n gwendidau a maddau'n beiau.
Diolchwn fod dy amynedd yn ddigon mawr
i ddal gafael ynom er gwaethaf ein crwydro ffôl,
a'n tywys yn ôl at dy lwybrau.

Mae dy ffyddlondeb fel y môr,
Heb fesur a heb drai,
A'th drugareddau hyfryd sy'n
Dragywydd yn parhau.

Gweddi am ras i ni dyfu yn ein ffyddlondeb fel dilynwyr i Grist ac fel aelodau o'i eglwys . . .

Arglwydd, rho ras i ni i ymateb i'th ffyddlondeb
trwy ymgyflwyno'n llwyrach i'r Arglwydd Iesu,
ac i gymdeithas a gwaith ei eglwys.
Gwna ni'n ffyddlon mewn gweddi,
yn ymroddgar mewn gwasanaeth,
ac yn lân mewn meddwl, gair a dymuniad.
Boed i ni fawrhau y fraint o berthyn i deulu dy bobl,
a byw i ryngu dy fodd.

Gweddi ar ran y rhai sydd yn gwasanaethu Duw yn ffyddlon yn ei eglwys ac yn ei fyd . . .

Arglwydd, arddel a bendithia dy weision ymhob man.
Bendithia'r rhai sy'n ffyddlon i Iesu Grist:
y rhai sy'n ymdrechu dros gyfiawnder
ac yn tystio i'r gwirionedd—
rhai yn wyneb erledigaeth ac enbydrwydd.
Bendithia'r rhai sy'n ffyddlon yn eu gwaith:
y rhai sy'n dwyn eu tystiolaeth i ti
mewn swyddfa a gweithdy,
mewn ysgol ac ysbyty,
mewn senedd a chyngor.
Bendithia'r rhai sy'n ffyddlon yn eu teuluoedd:
y rhai sy'n magu plant,
y rhai sy'n gofalu am yr hen a'r llesg,
a'r rhai sy'n gwarchod aelwyd a chartref
er gwaethaf anffyddlondeb eraill.
Bendithia'r rhai fu unwaith yn ffyddlon i ti
ond sydd bellach wedi cilio:
tywys hwy yn ôl atat ac i deulu dy eglwys.
Clyw ein gweddi ar eu rhan,
a chymhwysa ni oll
i fod yn ddisgyblion mwy teyrngar
i Iesu Grist ein Harglwydd a'n gwaredwr. AMEN.

GWAREDWR

'Wele, dyma ein Duw ni.
Buom yn disgwyl amdano i'n gwaredu;
dyma'r Arglwydd y buom yn disgwyl amdano,
gorfoleddwn a llawenychwn yn ei iachawdwriaeth.' (Eseia 25: 9)

*

Dduw pob gallu,
rhyddha ni o'n gwendid
a rho inni'r nerth sydd ynot ti.
Dduw tragwyddol,
arwain ni o gaethiwed amser
i ryddid diderfyn dy gariad.
Dduw sanctaidd,
achub ni o'n pechodau
a gwisg ni â'th gyfiawnder.
Dduw tangnefedd,
cod ni o'n terfysg mewnol
i hyfryd hedd dy gwmni;
ac i ti y bo'r clod a'r gogoniant dros byth.

*

Dduw sanctaidd, ein creawdwr a'n gwaredwr,
yn dy rym creadigol dygaist y byd i fod
a gwnaethost ni ar dy ddelw dy hun
i'th garu a'th wasanaethu.
Gerbron dirgelwch dy gariad
cydnabyddwn mai dy eiddo di ydym.
Gerbron dy fawredd a'th sancteiddrwydd
sylweddolwn ein bychander.
Gerbron dy haelioni a'th ras
gwelwn a chyffeswn ein hannheilyngdod.
Ond er ein beiau a'n diffygion
nid wyt yn ein gwrthod nac yn cefnu arnom,
ond yn dod atom yn dy Fab Iesu Grist,
i faddau i ni ein pechodau
ac i'n harwain i lawnder bywyd.

Waredwr sanctaidd, ein Harglwydd Iesu Grist,
  diolchwn i ti am yr hyn a wnaethost drosom
  yn dy fywyd, dy farw a'th fuddugoliaeth.
Daethost yn dlawd
  er mwyn ein gwneud ni yn gyfoethog.
Fe'th aned i'r byd hwn
  er mwyn ein geni ni drachefn i'r byd tragwyddol.
Aethost i lawr i ddyfroedd bedydd
  er mwyn ein codi ni i edifeirwch.
Yfaist o gwpan dioddefaint
  er mwyn i ni yfed o gwpan llawnder a llawenydd.
Gwisgaist goron o ddrain
  er mwyn i ni wisgo coron gogoniant.
Derbyniaist gosb marwolaeth ar groes
  er mwyn i ni dderbyn trugaredd a maddeuant.
Atgyfodaist ac esgynaist
  er mwyn i ni rannu â thi yng ngogoniant y Tad.

Ysbryd Sanctaidd, ein nerth a'n diddanydd,
  goleuaist i ni ogoniant ein Harglwydd Iesu
  a'i wneud yn weladwy i'n ffydd.
Tywynnaist ar ein heneidiau
  i wasgar y tywyllwch sydd ynom,
  ac i roi i ni ffydd i bwyso ar Iesu.
Addewaist drigo gyda'th bobl yn wastad,
  i'w diddanu yn eu gofidiau
  a'u hysbrydoli yn eu gwaith.
Gwisgaist dy eglwys â grym
  i gyhoeddi'r newyddion da
  ac i gyflawni ei chenhadaeth yn y byd.

Dad, Mab ac Ysbryd Glân:
  am y grym a'n creodd,
  am y gras sy'n ein cynnal,
  am y cariad sy'n ein cadw:
  i ti y bo'r clod a'r gogoniant dros byth. AMEN.

Gorthrwm

'Y mae Duw yn noddfa ac yn nerth i ni,
yn gymorth parod mewn cyfyngder.' (Salm 46: 1)
'Yn y byd fe gewch orthrymder, ond codwch eich calon,
yr wyf fi wedi gorchfygu'r byd.' (Ioan 16: 33)

*

Dduw sanctaidd a grasol,
tuag at ddisgleirdeb dy sancteiddrwydd
y cyfeiriwn ein haddoliad,
a thuag at drysorau dy ras
y cyfeiriwn ein hangen.
Mewn gwendid ceisiwn nerth,
mewn gofid ceisiwn dangnefedd,
mewn amheuon ceisiwn ffydd,
mewn caethiwed ceisiwn ryddid,
mewn angen, unigrwydd ac ofn
ceisiwn gwmni Iesu.
Arglwydd, trugarha wrthym.
Grist, trugarha wrthym.

*

Diolchwn i ti, O Dduw,
am y gobaith a'r gorfoledd
sy'n eiddo i ni yng Nghrist Iesu;
ond cofiwn ei fod ef yn ein galw hefyd
i godi'r groes,
i rannu yn ei ddioddefiadau
ac i ddyfalbarhau hyd y diwedd.

Mor ddymunol, Arglwydd,
yw gweld dy waith yn llwyddo:
perthyn i eglwys ffyniannus,
cynulleidfa'n cynyddu,
teuluoedd newydd yn ymaelodi,
hadau'r Gair yn disgyn ar dir ffrwythlon
a llwyddiant yn dilyn ein hymdrechion.
Mor ddymunol yw derbyn clod a gwerthfawrogiad:
profi cymdeithas gynnes,
caru'r rhai sy'n ein caru ni,
dianc rhag problemau dyrys bywyd,
cau allan gri'r anghenus,
a bod yn esmwyth yn Seion.

Ond gwyddom, Arglwydd,
mai dianc oddi wrthyt ti a wnawn
wrth gau allan y byd a'i loes.
Gwyddom dy fod yn ein galw
i aberthu yn ogystal â derbyn,
i ddioddef yn ogystal â llwyddo,
i dderbyn beirniadaeth yn fwy na chlod,
i ochri â'r gwan a'r tlawd,
nid i gynnal pwerau grym a golud;
i sefyll dros gyfiawnder a rhyddid,
nid i gyfaddawdu â gormes;
i fod yn wan, yn ddi-rym,
yn eglwys Crist y gwas.

Fel y dewisodd Iesu
osgoi poblogrwydd a llwyddiant dros-dro,
troi ei wyneb tua Jerusalem
a cherdded ffordd arw ei ddioddefaint,
cynorthwya ni i'w ganlyn yn wrol,
i ddilyn cariad costus y groes
ac i gydweithio ag ef yn ei waith achubol.

Gweddïwn dros bawb dan orthrymder.
Ym mha le bynnag y mae dy bobl
yn cael eu herlid, eu carcharu a'u harteithio,
bydd yn nerth ac yn gryfder iddynt.
Ym mha le bynnag y mae cynulleidfaoedd
yn addoli yn gudd ac mewn ofn
a Christnogion o dan fygythiad
oherwydd eu tystiolaeth i gyfiawnder,
cynnal a gwrola hwy.
Bendithia y rhai sydd mewn cyfyngder,
mewn trallod ac mewn profedigaeth,
canys eiddynt yw teyrnas nefoedd;
er mwyn Iesu Grist ein Harglwydd,
a ddioddefodd drosom ni. AMEN.

HOSANNA

'Codwch eich pennau, O byrth!
Ymddyrchefwch, O ddrysau tragwyddol!
i frenin y gogoniant ddod i mewn.
Pwy yw'r brenin gogoniant hwn?
Arglwydd y lluoedd, ef yw brenin y gogoniant.' (Salm 24: 9-10)

*

Arglwydd ein Duw,
coffáwn yn llawen
fynediad dy Fab Iesu Grist i ddinas Jerwsalem.
Fel yr agorwyd pyrth y ddinas i'w dderbyn,
agorwn ninnau holl byrth ein bywyd iddo yn awr:
porth ein meddwl i fyfyrio arno;
porth ein calon i ddathlu ei gariad;
porth ein henaid i fwynhau ei gwmni.
Gyda'i ddilynwyr ym mhob oes ac ym mhob man,
ymunwn i'w groesawu a'i glodfori
yn Arglwydd y lluoedd
ac yn frenin y gogoniant.

*

Hosanna yn y goruchaf.
Bendigedig yw'r un sy'n dod yn enw'r Arglwydd.

Cyflwynwn i ti, O Dduw ein Tad,
Hosanna ein haddoliad,
am i Iesu Grist ddod yn frenin
i'n byd a'n bywyd ni.

Am iddo roi heibio ei ogoniant dwyfol
a dod mewn gwyleidd-dra ac addfwynder
yn frenin hedd ac yn gyfaill pechaduriaid:
Hosanna yn y goruchaf.

Am iddo rodio'n isel a gostyngedig ar ebol asyn
a'n dysgu i weld gwerth ac urddas y pethau distadl
ac i barchu popeth a greaist ti:
Hosanna yn y goruchaf.

Am i'w ddisgyblion ei ddwyn ar ei daith
a rhoi esiampl i ninnau gerdded yn ei gwmni
a bod yn ffyddlon iddo bob amser:
Hosanna yn y goruchaf.

Am i ganghennau'r palmwydd uno yn y mawl
a dangos i ni fod yr holl greadigaeth
yn dweud amdano ac yn canu ei glod:
Hosanna yn y goruchaf.

Am i byrth y ddinas ymagor iddo a'i groesawu'n frenin
a'n gwahodd ninnau i agor pyrth ein heneidiau
i'r brenin ddod i mewn:
Hosanna yn y goruchaf.

Ond ni fynnem ei dderbyn, Arglwydd,
â brwdfrydedd y foment yn unig
ac yna'i adael a'i wadu,
ond ei groesawu i aros yn frenin ac yn Arglwydd arnom.
Pan fydd canghennau'r palmwydd wedi gwywo,
y dyrfa wedi cefnu,
yr Hosanna wedi distewi
a'r ffordd yn wag,
rho ras i ni barhau yn ffyddlon
i'n Harglwydd a'n brenin.

Arglwydd Iesu, brenin hedd,
ymbiliwn arnat estyn dy frenhiniaeth
dros bob rhan o'n bywyd:
dros wledydd y ddaear,
fel y daw pobl ym mhob man
i garu heddwch ac i geisio cyfiawnder;
dros ein cartrefi a'n teuluoedd,
i'w gwneud yn breswylfeydd cariad a llawenydd;
dros ysbytai a phob sefydliad arall
sy'n estyn tosturi a gofal i'r llesg a'r claf;
dros bawb sydd mewn gofid,
mewn unigrwydd a thristwch;
dros dy eglwys a'th bobl
i'w cynnal a'u gwroli yn eu gwaith.

Estyn dy frenhiniaeth, O Grist,
dros ein bywydau ni bob un,
a chadw ni bob amser yn deyrngar i ti,
er clod a gogoniant i'th enw. AMEN.

CALFARIA

'Prawf Duw o'r cariad sydd ganddo tuag atom ni yw bod Crist wedi marw drosom.' (Rhuf. 5: 8)
'Dyma Oen Duw sy'n cymryd ymaith bechod y byd.' (Ioan 1: 29)
'Teilwng yw'r Oen a laddwyd i dderbyn gallu, anrhydedd, gogoniant a mawl.' (Dat. 5: 12)

*

Addolwn a chlodforwn di, O Dduw,
am i ti roi i ni dy Fab Iesu Grist
i rannu ein bywyd,
i ddwyn ein gofidiau,
ac i ddileu ein pechodau.
Wrth fyfyrio ar aberth ei groes,
arwain ni i ddirgelwch ei ddioddefiadau,
fel y gwelwn mai trwy aberthu y mae'n teyrnasu,
trwy garu y mae'n gorchfygu,
trwy ddioddef y mae'n achub,
a thrwy farw y mae'n estyn i ni fywyd tragwyddol.

*

Gofynnwn am dy gymorth, O Dduw Dad,
i agosáu at groes dy Fab Iesu Grist.
Mor amharod yr ydym i droi ein golwg at Galfaria
ac i syllu ar y Crist sy'n dioddef a marw ar y pren.
Ni fedrwn amgyffred dyfnder ei ing a'i drallod,
ei unigrwydd a'i warth.
Ni fedrwn ddeall dallineb a chreulondeb dynolryw
yn gwrthod ac yn lladd Mab Duw.
Er hynny, cawn ein tynnu at y croeshoeliedig un:
*'A minnau, os caf fy nyrchafu oddi ar y ddaear,
a dynnaf bawb ataf fy hun . . .'*

Ein denu ati mewn rhyfeddod a gweddi
a wna croes dy Fab o hyd ac ni fedrwn ddianc rhagddi.
Rho i ni gymorth i edrych —
ar archollion yr hoelion a'r bicell fain,
ar y goron ddrain blethedig,
ar y gwaed, y chwys a chwysau'r fflangell,
ac ar welwder ei wedd.

Rho i ni gymorth i wrando —
ar ei ocheneidiau dwys,
ar wawd ac anfri'r dyrfa,
ar ei eiriau o gariad a maddeuant,
ac ar ei waedd olaf fuddugoliaethus.
Rho i ni gymorth i dderbyn —
i gydnabod ein rhan ym mhechod
a gwrthryfel byd a groeshoeliodd Iesu Grist,
i brofi'r maddeuant sy'n dileu ein camweddau,
ac i dderbyn y bywyd newydd a ddaw o'i angau drud.

O Arglwydd Iesu Grist,
er na fedrwn ddeall dyfnder a dirgelwch dy aberth,
diolchwn mai drosom ni y buost farw
i ddatguddio i ni gariad y Tad,
i'n cymodi ni â Duw ac â'n gilydd,
i agor i ni byrth y bywyd tragwyddol.

Am i ti, yn dy ddioddefiadau,
dy uniaethu dy hun â gofid a phoen y byd,
gweddïwn dros deulu poen ymhob man:
y rhai sy'n dwyn croes afiechyd a llesgedd,
y rhai sydd yng nghafael iselder ysbryd,
a'r rhai sy'n colli gobaith;
y rhai sy'n dwyn croes galar a thristwch,
y rhai sydd mewn profedigaeth,
a'r rhai y mae hiraeth ac unigrwydd yn eu llethu;
y rhai sy'n dwyn croes gormes a thrueni,
y rhai sy'n nychu o brinder bwyd,
a'r rhai sy'n dioddef gwaradwydd
oherwydd eu cred neu liw eu croen.

Ti, a brofaist holl boenau teulu'r llawr;
rho i'th blant anghenus ymhob man
dy dangnefedd yn eu gofidiau
a'th nerth yn eu gwendidau.
Ac i ti, O Grist, gyda'r Tad a'r Ysbryd Glân,
y byddo'r clod a'r gogoniant byth bythoedd. AMEN.

Atgyfodiad

'Crist a gyfodwyd oddi wrth y meirw . . . I Dduw y bo'r diolch yr hwn sydd yn rhoi ni fuddugoliaeth trwy ein Harglwydd Iesu Grist.' (1 Cor. 15: 20, 57)

'Bendigedig fyddo Duw a Thad ein Harglwydd Iesu Grist! O'i fawr drugaredd, fe barodd ef ein geni ni o'r newydd i obaith bywiol trwy atgyfodiad Iesu Grist oddi wrth y meirw.' (1 Pedr 1: 3)

*

Gogoniant a fo i ti, O Dad hollalluog,
am i ti gyfodi dy Fab o blith y meirw
a'n gwneud ninnau'n gyfranogion o'i fuddugoliaeth ef.
Gogoniant a fo i ti, O Arglwydd Iesu Grist,
am i ti trwy dy aberth a'th atgyfodiad drechu angau
ac agor i ni byrth y bywyd tragwyddol.
Gogoniant a fo i ti, O Ysbryd Glân,
am i ti ein harwain i bob gwirionedd
ac i adnabyddiaeth o'r Crist byw.
I ti, Dad, Mab ac Ysbryd Glân,
Arglwydd bywyd a marwolaeth,
yr offrymwn ein clod a'n haddoliad.

*

Yn gyntaf, gweddi o ddiolch am atgyfodiad buddugoliaethus yr Arglwydd Iesu Grist ac am obaith a gorfoledd y dydd hwn . . .

Arglwydd Dduw, diolchwn mai ohonot ti y daw bob bywyd newydd
sy'n adfer ac adnewyddu.
Diolchwn am fywyd newydd y gwanwyn,
ac am bob arwydd o ddeffroad natur o drwmgwsg gaeaf.
Diolchwn am bob profiad
o lawenydd yn gorchfygu tristwch,
o gariad yn gorchfygu atgasedd,
o ffydd yn gorchfygu ofn.
Diolchwn yn arbennig am efengyl y bedd gwag,
am lawenydd a rhyfeddod y trydydd dydd,
am i Iesu Grist ddryllio pyrth angau
a bod yn angau i'n hangau ni.
Cadw ni y dydd hwn rhag bodloni
ar goffáu digwyddiad pell yn ôl yn unig,
ond i wybod bod Iesu yn fyw heddiw
ac yn cerdded llwybrau'n bywyd ni.

A chyda'th holl bobl yn y nef ac ar y ddaear,
datganwn mewn addoliad a llawenydd:
Crist a gyfodwyd!
Efe a gyfodwyd yn wir!

Mewn gweddi o gyffes cydnabyddwn yn edifeiriol ein marweidd-dra, ein hamheuon a'n harafwch i ymateb i alwad ac addewid y Crist byw . . .

Cydnabyddwn, Arglwydd, nad ydym yn deilwng
o addewid rhyfeddol y dydd hwn.
Fel dy ddisgyblion gynt, yr ydym ninnau'n hwyrfrydig
i gredu'r dystiolaeth am y bedd gwag.
Fel y ddau ar ffordd Emaus, y mae'n calonnau ninnau'n araf
i gredu'r hyn a lefarwyd gan y proffwydi.
Fel Thomas, fe fynnwn ninnau weld â'n llygaid ôl yr hoelion.
Trugarha wrthym, O Dduw.
Cod ni o'n hamheuon a'n digalondid
i lawenydd y bywyd newydd
sydd yn atgyfodiad ein Harglwydd Iesu Grist.

Yn ein heiriolaeth gweddïwn am i fywyd newydd y Crist atgyfodedig lenwi'r eglwys a dwyn grym a gobaith i fywydau pawb sydd mewn gwendid a gofid heddiw . . .

Bywha dy eglwys, O Arglwydd, â grym yr atgyfodiad:
adnewydda'i bywyd a grymusa'i chenhadaeth;
nertha'r sawl sydd mewn gwaeledd a phoen;
cysura'r sawl sydd mewn tristwch a phrofedigaeth,
a goleua'r sawl sy'n cerdded glyn y cysgodion.
Galluoga ni bob un i ddathlu'r ŵyl hon mewn llawenydd,
i fyw yng ngrym ac addewid yr atgyfodiad,
ac o wybod bod Iesu'n fyw,
gwybod y cawn ninnau fyw ynddo ef
yng ngogoniant ei deyrnas dragwyddol yn y nef.
Ac iddo ef, gyda thi, O Dduw, a'r Ysbryd Glân,
y bo'r gallu a'r gogoniant yn oes oesoedd. AMEN.

Gogoniant

'I ti, Arglwydd, y perthyn mawredd, gallu, gogoniant, ysblander a mawrhydi, oherwydd y mae popeth yn y nefoedd ac ar y ddaear yn eiddo i ti . . .' (1 Cronicl 29: 11)
'A daeth y Gair yn gnawd a phreswylio yn ein plith . . . gwelsom ei ogoniant ef, ei ogoniant fel unig Fab yn dod oddi wrth y Tad.' (Ioan 1: 14).

*

Arglwydd pob gallu a gogoniant
a'n creaist yn dy gariad,
a'n cynheliaist yn dy ras,
a'n harweiniaist yn dy ddoethineb:
plygwn gerbron dirgelwch dy fod,
ac yn enw Iesu Grist dy Fab,
ymgorfforiad perffaith
dy gariad, dy ras a'th ddoethineb,
offrymwn i ti ein haddoliad a'n mawl.

*

Arglwydd,
gerbron disgleirdeb dy ogoniant
ni fedrwn dy addoli'n deilwng,
na diolch yn ddigonol am yr hyn wyt ti
ac am yr hyn a wnaethost.

Gwelwn dy ogoniant yn y bydysawd:
yn ei drefn a'i ysblander rhyfeddol,
yn nirgelwch pob bywyd a thyfiant,
yn ehangderau'r gofod,
ym manylder cywrain y celloedd lleiaf,
ym mhrydferthwch y blodau a'r coed,
yn aruthredd y mynyddoedd,
rhyferthwy'r moroedd a lliwiau'r enfys —
Mor ardderchog yw dy enw ar yr holl ddaear.

Gwelwn dy ogoniant ym mywydau pobl:
yn niniweidrwydd y baban newydd-anedig,
yn asbri a llawenydd plant,
yn neall a gwybodaeth dyn,
yn serch a thynerwch anwyliaid,
ym mywydau dy saint,
a phob un sy'n gweini'n anhunanol ar y gwan a'r tlawd —
Mor ardderchog yw dy enw ar yr holl ddaear.

Gwelwn dy ogoniant yn wyneb Iesu Grist:
yn y Gair tragwyddol a gymerodd arno ein natur ni,
gan ymwrthod â phob gallu a grym bydol,
i'n dysgu mai mewn gwendid y mae cyfrinach nerth;
yn ei fywyd pur a roddwyd dros eraill,
yn ei ufudd-dod hyd angau i ofynion cariad,
ac ym muddugoliaeth ei atgyfodiad —
Mor ardderchog yw dy enw ar yr holl ddaear.

Gwelwn dy ogoniant yn dy ymwneud â ni:
yn ein cadw a'n cynnal yn dy gariad,
yn maddau i ni ein pechodau,
yn rhoi i ni lawnder bywyd a llawenydd,
yn ein gosod o fewn cymdeithas dy bobl,
yn ein hadnewyddu trwy dy Ysbryd Glân,
ac yn ein galw i dystio i efengyl dy Fab, Iesu Grist —
Mor ardderchog yw dy enw ar yr holl ddaear.

Arglwydd,
estyn dy ogoniant dros y ddaear.
Arwain y byd o afael brynti a thywyllwch
i degwch a goleuni dy deyrnas.
Tosturia wrth y tlawd a'r difreintiedig
a dysg ni oll i rannu adnoddau dy fyd yn deg.
Ymgeledda'r unig a'r trist
a llanw eu bywydau briw â'th bresenoldeb.
Bywha dy eglwys iddi adlewyrchu dy ogoniant
a chyfeirio'r byd at Iesu Grist.

Ac i ti, yr unig wir Dduw,
y bo'r gogoniant yn yr eglwys,
ac yng Nghrist Iesu,
o genhedlaeth i genhedlaeth,
byth bythoedd. AMEN.

Llawenydd

'Llawenhewch yn yr Arglwydd, chwi rai cyfiawn;
i'r rhai uniawn gweddus yw moliant.' (Salm 33: 1)
'Llawenhewch yn yr Arglwydd bob amser;
fe'i dywedaf eto, llawenhewch.' (Phil. 4: 4)

*

Deuwn ynghyd, O Arglwydd ein Duw,
i lawenhau ynot ti,
i ymhyfrydu yn dy gariad tuag atom,
i ddathlu ein ffydd yn Iesu Grist dy Fab,
i orfoleddu yng ngrym dy Ysbryd,
i fwynhau cymdeithas â'n gilydd yn dy dŷ.
Am y llawenydd hwn
na all y byd na'i bethau
mo'i roi na'i ddwyn oddi arnom,
offrymwn i ti ein diolch a'n clod.

*

Mor fawr wyt ti, O Dduw,
mor helaeth yw dy gariad tuag atom;
mor niferus yw dy fendithion i ni;
mor dyner yw dy ofal amdanom.
Mewn llawenydd a diolchgarwch
dathlwn bob arwydd o'th ras a'th ddaioni.

Dathlwn lawenydd dy greadigaeth:
diolch am harddwch a ffrwythlonedd y ddaear,
am ogoniant amryliw blodau'r maes,
am ffresni'r dydd a chân yr adar.

Dathlwn lawenydd cariad a chyfeillgarwch:
diolch am garedigrwydd a sirioldeb ffrindiau,
am serch ifanc mab a merch,
am gariad cyson gŵr a gwraig.

Dathlwn lawenydd iechyd a nerth:
diolch am lygaid i weld a chlustiau i glywed,
am anadl einioes a meddyliau clir,
am gyrff iach i gyflawni ein gwaith.

Dathlwn lawenydd plant bach:
diolch am eu hasbri a'u hapusrwydd,
am eu dychymyg byw a'u chwarae iach,
am y dedwyddwch a fwynhawn yn eu cwmni.

Dathlwn lawenydd adloniant a diwylliant:
diolch am lyfrau da ac arluniaeth gain,
am hwyl a hiwmor pur,
am fiwsig, sgwrs a hamdden.

Dathlwn ein ffydd yn Iesu Grist:
diolch am iddo'n harwain i'th adnabod fel ein Tad,
am iddo'n dysgu i weld cyd-ddyn fel brawd,
am iddo dderbyn pechaduriaid ac ymgeleddu'r gwan,
am iddo ddioddef a marw i'n cymodi â thi,
am ei fuddugoliaeth ar bechod, angau a'r bedd.

Maddau i ni, O Dduw,
i ni fethu â chyfryngu i eraill
lawenydd y newyddion da;
am ein diffyg gweledigaeth a'n digalondid;
am y tristwch a'r anobaith
sydd mor aml yn ein llethu.

Gweddïwn ar ran y rhai sy'n drist heddiw,
gan ymbil arnat eu gwroli a'u cynnal:
y rhai sy'n drist o achos eu dioddefiadau a'u poenau;
y rhai sy'n drist o achos profedigaeth a cholled;
y rhai sy'n drist o achos pryder am eu hanwyliaid;
y rhai sy'n drist o achos diffyg ffydd ac anobaith;
y rhai sy'n drist o achos unigrwydd ac iselder ysbryd.

Arglwydd, yr wyt yn ein dysgu yn dy Air
mai mewn ymddiriedaeth ynot ti
y mae canfod cyfrinach gwir lawenydd;
bugeilia bob un sy'n anhapus a thrist
i ddedwyddwch ffydd yn Iesu.
Ac i ti, y Duw hollalluog,
sail a ffynhonnell pob llawenydd,
y bo'r clod, y gogoniant a'r mawl,
yn oes oesoedd. AMEN.

Rhyddid

'Cewch wybod y gwirionedd, a bydd y gwirionedd yn eich rhyddhau . . . Felly os yw'r mab yn eich rhyddhau chwi, byddwch yn rhydd mewn gwirionedd.' (Ioan 8: 32, 36)
'I ryddid y rhyddhaodd Crist ni. Safwch yn gadarn a pheidiwch â phlygu eto i iau caethiwed.' (Gal. 5: 1)

*

Arglwydd tosturiol,
rhyddha ni yn awr o sŵn aflafar y byd,
o brysurdeb a phryderon gwaith,
o'n hofnau a'n dychmygion ofer.
Cynorthwya ni i ymgrymu yn dy bresenoldeb,
i fyfyrio yn dy wirionedd,
i ymddiried yn dy addewidion,
ac mewn addoliad a gweddi,
i ogoneddu dy enw sanctaidd.

*

Arglwydd Dduw, ein rhyddhawr,
daethost atom yn dy Fab Iesu Grist,
heibio i bob pellter a phob pechod,
i ddwyn newyddion da i dlodion,
i gyhoeddi rhyddhad i garcharorion,
ac i gynnig gobaith i'r gorthrymedig:
diolchwn i ti am rym ac addewid yr efengyl,
a gweddïwn arnat ein harwain i'r rhyddid
sy'n eiddo i ni yng Nghrist.

Rhyddha ni o afael ein pechodau:
y beiau a'r troseddau sy'n clwyfo dy Lân Ysbryd,
ein meddyliau amhur a'n geiriau byrbwyll,
ein gweithredoedd a'n dymuniadau hunanol.

Rhyddha ni o afael ein hofnau:
yr ofnau sy'n lladd ein dedwyddwch a'n hyder,
yn ein caethiwo mewn anobaith,
yn ein dallu i oleuni dy gariad.

Rhyddha ni o afael ein hamheuon:
yr amheuon sy'n gwanhau ein ffydd,
yn ein pellhau oddi wrthyt,
yn ein rhwystro rhag ymddiried yn dy gariad.

Rhyddha ni o afael ein gofidiau:
  y gofidiau sy'n cau goleuni o'n bywyd,
  y problemau a'r penderfyniadau dyrys sy'n ein blino,
  yr amgylchiadau sy'n mynd yn drech na ni.

Rhyddha ni o afael ein difaterwch:
  ein bodlonrwydd ar bethau fel y maent,
  ein methiant i ymysgwyd o'n syrthni a'n diffyg sêl,
  ein harafwch i ymateb i'th alwadau arnom.
Arglwydd, arwain ni i'r gwirionedd sy'n rhyddhau,
  ac i'r rhyddid sy'n fywyd ac yn hedd.

Cyflwynwn i ti ein heiriolaeth
  dros bawb sy'n dioddef caethiwed o unrhyw fath:
  y rhai sydd wedi eu caethiwo gan lesgedd,
  gan afiechyd blin neu amgylchiadau anodd,
  gan waith diflas ac annymunol,
  gan gynni, diweithdra a methiant;
  y rhai sydd mewn carchar
  ac wedi dwyn gwarth arnynt eu hunain a'u teuluoedd;
  y rhai sy'n gaeth i gyffuriau,
  i chwantau ac arferion hunan-ddinistriol,
  i ddiffygion eu natur eu hunain;
  y rhai sydd wedi eu carcharu
  am eu safiad dros gyfiawnder a thegwch,
  am eu ffydd a'u tystiolaeth Gristnogol,
  am eu hymdrechion dros hawliau dynol;
  y rhai sy'n gaeth i drefn economaidd anghyfiawn
  ac yn dioddef newyn a thlodi;
  lleiafrifoedd a chenhedloedd bychain
  yn gaeth i rym a gormes pwerau mawr.

Arglwydd, tywys hwy a ninnau
  i ryddid a gogoniant plant Duw,
  a chadw ni rhag pob caethiwed,
  er mwyn Iesu Grist ein Harglwydd. AMEN.

Bywyd

'Ysbryd Duw a'm lluniodd, ac anadl yr Hollalluog a'm ceidw'n fyw.' (Job 33: 4)
'Yr wyf wedi dod er mwyn i ddynion gael bywyd, a'i gael yn eu holl gyflawnder.' (Ioan 10: 10)
'Y mae eich bywyd wedi ei guddio gyda Christ yn Nuw.' (Col. 3: 3)

*

Addolwn di, Arglwydd ein bywyd,
am i ti ein llunio'n gywrain ar dy ddelw,
am i ti anadlu ynom dy fywyd,
ac am i ti'n coroni â gogoniant ac anrhydedd.
Ond cyffeswn i ni ddifwyno dy ddelw ynom,
ddewis angau yn hytrach na bywyd,
a thrwy ein pechod a'n gwrthryfel
golli'r gogoniant a roddaist i ni.
Arglwydd, trugarha wrthym a maddau i ni;
estyn dy law i'n tywys yn ôl atat ti
ac at lawnder y bywyd newydd
a ddarperaist i ni yn dy Fab Iesu Grist.

*

Rhown ddiolch i Dduw am freintiau a bendithion ein bywyd beunyddiol . . .

Rhown ddiolch i ti, Arglwydd, am ein bywyd
ac am y nerth a ddaw i ni bob dydd oddi ar dy law:
am gyrff a meddyliau iach,
am ddwylo i weithio a gwaith i'w gyflawni,
am lygaid i weld a chlustiau i glywed,
am gysuron cartref a theulu,
am gyfeillgarwch ac am gwmni,
am ryddid ac am lawenydd.
Ti yw rhoddwr holl fendithion y bywyd hwn,
ond gyda'th roddion yr wyt yn rhoi dy hun —
dy anian, dy gwmni, a'th ddiddanwch.
Diolchwn i ti a molwn dy enw.

Rhown ddiolch i Dduw am gyfoeth a bendithion bywyd yng Nghrist . . .

Ti, Arglwydd, a ddaethost atom yn dy Fab
er mwyn i ni gael bywyd a'i gael yn ei holl gyflawnder.

Rhown ddiolch i ti am i Iesu Grist
ddod yn gyfaill ac yn waredwr i ni;
am brydferthwch ac esiampl ei fywyd,
am her ei ddysgeidiaeth,
am iddo'n caru i'r eithaf
er i ni ei wrthod, ei wadu a'i groeshoelio;
am iddo farw i ni gael byw,
a darostwng ei hun i ni gael ein dyrchafu;
am ei fuddugoliaeth ar angau,
am ei deyrnasiad ynom a throsom,
ac am ei fywyd atgyfodedig
yn llenwi a sancteiddio'n bywyd ni.
Diolchwn i ti a molwn dy enw.

Rhown ddiolch i Dduw am obaith ac addewid y bywyd tragwyddol . . .

Yr wyt ti, Arglwydd, yn ein cadw'n ddiogel
mewn bywyd ac mewn angau.
Rhown diolch i ti am addewid Iesu Grist
o fywyd tragwyddol i bawb sy'n ymddiried ynddo:
am y sicrwydd nad angau yw diwedd bywyd,
am i ti baratoi lle i ni yn dy drigfannau
a bywyd uwch yn nefoedd dy ogoniant;
am y gwyddom y daw amser pryd yr atebir pob cwestiwn,
y sylweddolir pob gobaith,
ac y cyfarfyddwn eto â'r rhai a gollwyd dros dro;
am dy gariad anfeidrol yng Nghrist Iesu
na all nac angau nac einioes ein gwahanu oddi wrtho:
Diolchwn i ti a molwn dy enw.

Gweddïwn am ras i fyw i Grist ac i dyfu yn ein bywyd Cristnogol . . .

Yr wyt ti, Arglwydd, yn ein hawlio i ti dy hun
ac yn ein galw i ddilyn Iesu Grist dy Fab.
Cynorthwya ni â'th ras i fyw yn deilwng o'n galwad:
gwna ni'n gydwybodol yn ein gwaith,
yn ddoeth yn ein siarad,
yn garedig yn ein hymwneud â'n gilydd,
yn bur ein meddyliau,
yn anhunanol ein gweithredoedd.
Cymer feddiant ohonom,
a thrwy dy Ysbryd llanw bob rhan o'n bywyd
â bywyd Crist ein Harglwydd.
Yn ei enw ef y gofynnwn hyn. AMEN.

ADDEWIDION

'Doed fy llef atat, O Arglwydd; gwared fi yn ôl dy addewid . . .
Hyn fu fy nghysur mewn adfyd, fod dy addewid di yn fy adfywio.'
(Salm 119: 169, 50)
'Dyma'r hyn a addawodd ef i ni, sef bywyd tragwyddol.'
(1 Ioan 2: 25)

*

Arglwydd ein gobaith a rhoddwr pob llawenydd,
rho inni yn ein haddoliad awydd i'th geisio,
oleuni i ddeall dy addewidion,
ymddiriedaeth i bwyso arnynt,
a'th Ysbryd i ennyn ymateb ein mawl.

*

Arglwydd, deuwn i lawenhau yn dy addewidion
ac i ofyn i ti eu troi yn fendithion
ac yn brofiadau real yn ein bywydau.

Dywedodd Iesu Grist, 'Lle mae dau neu dri wedi dod ynghyd yn fy enw i, yr wyf yno yn eu canol . . .
Yr wyf fi gyda chwi bob amser hyd ddiwedd y byd.'

Rhoddaist i ni, Arglwydd, addewid o'th bresenoldeb
a'r sicrwydd dy fod yn agos atom bob amser
pa beth bynnag a ddaw i'n rhan.
Er ein beiau a'n hannheilyngdod
nid wyt ti byth yn ein gadael
nac yn anghofio amdanom.
Gweddïwn dros y rhai hynny sydd heddiw
yn unig a diymgeledd,
wedi eu hesgeuluso a'u hanghofio;
y rhai sydd heb deulu na pherthnasau,
eu cyfeillion wedi prinhau,
a'u hunigrwydd yn eu llethu a'u dychryn.
Bydd yn agos atynt a rho iddynt ddiddanwch dy gwmni.

Dywedodd Iesu Grist, 'Fe dderbyniwch nerth wedi i'r Ysbryd Glân ddod arnoch . . . pan ddaw ef, Ysbryd y Gwirionedd, fe'ch arwain chwi yn yr holl wirionedd.'

Rhoddaist i ni, Arglwydd, addewid o'th Ysbryd
i fod yn gyfnerthwr ac yn ddiddanydd i ni,
i drigo yn ein mysg ac i'n calonogi.

Nid wyt yn gosod arnom dasgau
  heb roi i ni hefyd dy rym i'w cyflawni,
  ac nid wyt yn ein hanfon i unman
  heb ddod dy hun yn gydymaith i ni.
Gweddïwn dros bawb sy'n gwangalonni yn dy waith;
  y rhai sy'n teimlo bod eu hymdrechion yn ofer
  a'r rhai sy'n gweld y dyfodol yn dywyll.
Bydd yn gymorth ac yn gadernid iddynt,
  a dangos iddynt fod pob peth yn bosibl
  yn nerth dy Ysbryd Glân.

*Dywedodd Iesu Grist, 'Yr wyf yn gadael i chwi dangnefedd;
  yr wyf yn rhoi i chwi fy nhangnefedd fy hun . . .'*

Rhoddaist i ni, Arglwydd, addewid o'th dangnefedd.
Cynorthwya ni i ymagor i ti
  fel y bydd dy dangnefedd yn llenwi'n meddyliau,
  yn gorlifo'n calonnau
  ac yn distewi'n hofnau.
Gweddïwn dros y rhai sy'n llawn dicter a malais;
  y rhai sy'n anniddig a rhwystredig
  dan feichiau gwaith a gofidiau;
  y rhai mewn sefyllfaoedd o ryfel a therfysg
  sy'n byw mewn ofn a pherygl.
Cofleidia hwy yn dy dynerwch
  a llanw hwy â'th hedd.

*Dywedodd Iesu Grist, 'Yr wyf fi wedi dod er mwyn i ddynion gael
  bywyd, a'i gael yn ei holl gyflawnder.'*

Rhoddaist i ni, Arglwydd, addewid o fywyd,
  a gelwaist ni i fyw yn dy gariad
  ac i gyfranogi o'th anian dy hun.
Gweddïwn dros y rhai y mae eu bywyd yn wag a diystyr;
  y rhai sy'n byw i bethau materol yn unig
  a'r rhai sy'n anfodlon ac anesmwyth eu byd.
Arwain hwy at gyflawnder y bywyd sydd ynot ti.

Arglwydd, ti yw ein gobaith a'n nerth:
  ynot ti yr ymddiriedwn,
  yn awr a hyd byth. AMEN.

Tangnefedd

'Dyrchafed yr Arglwydd ei wyneb arnat, a rhodded i ti dangnefedd.' (Num. 6: 26)
'A dyma Iesu'n dod ac yn sefyll yn eu canol, ac yn dweud wrthynt, "Tangnefedd i chwi!" (Ioan 20: 19)

*

Arglwydd,
diolchwn i ti am rodd dy dangnefedd,
i ddistewi'n meddyliau,
i orlifo'n calonnau,
i lonyddu'n cyrff,
i leddfu'n hofnau.
Cymorth ni i ymdawelu ger dy fron,
i ymlacio yn hedd dy bresenoldeb,
ac i dderbyn ein hunain â'n gilydd
fel yr wyt ti yn ein derbyn ni.

*

Wedi ei atgyfodiad daeth Iesu i blith ei ddisgyblion, er bod y drysau wedi eu cloi, a dweud 'Tangnefedd i chwi'.
Gweddïwn ar i'r Iesu atgyfodedig agor drysau clöedig ein bywydau ninnau yn awr a dod atom yn ei dangnefedd . . . (distawrwydd).

Addawodd Iesu rodd ei dangnefedd i'w ddilynwyr, 'Yr wyf yn gadael i chwi dangnefedd; yr wyf yn rhoi i chwi fy nhangnefedd fy hun.'
Gweddïwn am ostyngeiddrwydd i dderbyn ei rodd yn llawen ac yn ddiolchgar . . . (distawrwydd).

Agorwn ein calonnau, Arglwydd,
i dderbyn ac i ddathlu rhodd dy dangnefedd:
y tangnefedd sy'n deillio ohonot ti,
na all y byd ei roi na'i gymryd oddi wrthym;
y tangnefedd sy'n ymlid pob cynnwrf ac ofn.

Arglwydd, tyrd yn dy dangnefedd
i ganol hynt a helynt ein bywyd:
i ganol cyffro dyddiau ieuenctid;
i ganol prysurdeb canol oed;
i ganol balchder ein llwyddiant;
i ganol siom ein methiant;
i ganol anterth ein hiechyd;
i ganol poen ein dioddefaint;

i ganol cysgodion henaint;
i ganol braw ein diwedd:
tyrd i fod yn nerth ac yn ddiddanwch i ni.

Arglwydd, tyrd yn dy dangnefedd
i ganol gwaith a thystiolaeth dy eglwys:
i ganol rhin addoliad dy bobl;
i ganol cymdeithas y dau neu dri;
i ganol ein gobaith pan welwn arwyddion twf;
i ganol ein siom pan welwn y gwaith yn methu;
i ganol dryswch ein chwilio am dy ewyllys;
i ganol poen rhannu yn nioddefiadau'r byd;
i ganol ein hymdrech i rannu'r ffydd ag eraill;
i ganol ein hymchwil am undeb ac adnewyddiad:
tyrd i fod yn oleuni ac yn ysbrydiaeth i ni.

Arglwydd, tyrd yn dy dangnefedd
i ganol dynoliaeth ranedig a briw:
i ganol rhyfeloedd a therfysgoedd ein byd;
i ganol ing y clwyfedig;
i ganol torcalon y weddw a'r amddifad;
i ganol dychryn y ffoadur a'r alltud;
i ganol llid a dialedd y gormeswr;
i ganol trafodaethau arweinyddion y gwledydd;
i ganol tystiolaeth ddewr y tangnefeddwyr;
i ganol pechod a chywilydd ein creulonderau:
tyrd i fod yn obaith ac yn waredigaeth i ni.

Arglwydd, gad i'th dangnefedd
ein meddiannu oddi uchod,
ein llenwi oddi mewn,
ein hamgylchynu oddi allan,
ein cofleidio a'n cynnal,
rhag i ddim gynhyrfu'n calon a rhag inni ofni.
Tyrd, Arglwydd Iesu, i drigo yn ein plith yn wastad. AMEN.

Ysbryd

'Ysbryd yw Duw, a rhaid i'w addolwyr ef addoli mewn ysbryd ac mewn gwirionedd.' (Ioan 4: 24)
'Nid ysbryd y byd a dderbyniasom, ond yr Ysbryd sydd oddi wrth Dduw, er mwyn i ni wybod y pethau a roddodd Duw o'i ras i ni.' (1 Cor. 2: 23)

*

Mewn llawenydd a moliant
dathlwn dy ddyfodiad di,
Ysbryd Sanctaidd Duw,
Ysbryd grym a goleuni,
Ysbryd gras a bywyd.
Tyrd megis gwynt nerthol i'n hadnewyddu;
tyrd megis tân nefol i'n puro;
tyrd megis anadl Duw i'n bywhau;
tyrd megis colomen a rho i ni dangnefedd.
Tyrd, Ysbryd Glân, i'n clonnau ni,
a dod d'oleuni nefol.

*

Rhown ddiolch a mawl i ti, O Dduw,
am yr amrywiol ffyrdd yr wyt yn datguddio dy hun
ac yn gweithredu yn dy fyd ac yn dy eglwys.
Yn arbennig, diolchwn am dy ymwneud â ni trwy dy Ysbryd Glân:
am ei rym yn y greadigaeth,
yn dwyn trefn o anhrefn a goleuni o dywyllwch,
ac am ei egni creadigol yn ein bywyd ni.
Diolchwn am iddo ysbrydoli'r proffwydi i lefaru dy Air
a thywys dy bobl i ddeall dy ewyllys.
Diolchwn am iddo ddisgyn ar Iesu yn ei fedydd
i'w arfogi ar gyfer ei weinidogaeth
ac i'n harwain ninnau i'w adnabod a'i ddilyn.
Diolchwn am iddo ymdywallt ar dy ddisgyblion ar y Pentecost cyntaf
i'w gwisgo â grym i dystio i ti
ac i adnewyddu a bywhau dy eglwys heddiw yn ei gwaith.
Diolchwn am ei oleuni a'i arweiniad yn hanes y ddynoliaeth;
yn natblygiad gwareiddiad,
yn narganfyddiadau'r gwyddonydd,
yng ngweledigaeth y bardd a dawn yr artist.

Diolchwn am ei bresenoldeb a'i nerth yn ein bywydau ninnau,
yn ein tywys i adnabod a chredu yn Iesu,
yn ein cynnal yn ein hargyfyngau
ac yn ein hysbrydoli i ymroi i waith y deyrnas.
Arglwydd, agor ein calonnau a'n meddyliau
i'w anadliadau bywiol
ac i'w egnïoedd a'i ddoniau.

Ysbryd Sanctaidd — Ysbryd nerth ac adfywiad:
ymwêl â'th eglwys
i'w deffro o'i chysgadrwydd
a'i gwneud yn dyst ffyddlon ac effeithiol i'r efengyl.

Ysbryd Sanctaidd — Ysbryd tangnefedd:
tywys pobl ym mhobman i heddwch a chytgord;
gwared hwy o bob gormes a chreulondeb
ac arwain cenhedloedd y ddaear i undod teulu Duw.

Ysbryd Sanctaidd — Ysbryd diddanwch a chysur:
bydd yn nerth i'r gwan a'r tlawd;
bydd yn gwmni i'r unig a'r rhai sydd mewn tristwch;
bydd yn arweinydd i'r rhai sydd ar goll mewn anobaith.

Ysbryd Sanctaidd — Ysbryd gallu a gwirionedd:
gorchfyga ein hofnau a gwna ni'n wrol ynot ti;
rhyddha ni o'n difaterwch a'n syrthni
ac ennyn fflam ar allor ein heneidiau.

Ysbryd Sanctaidd — Ysbryd Crist:
tyn ni i bresenoldeb ein Harglwydd Iesu;
mwyda'n calonnau caled yn llifeiriant ei gariad;
ysguba ymaith ein pechodau â'i faddeuant
a llanw ni â nerth a llawenydd ei fywyd.

Yr wyt ti fel y gwynt yn chwythu lle y mynni,
yn dod atom ar hyd llwybrau anhysbys ac annisgwyl,
yn cyffwrdd â ni yn holl brofiadau ein bywyd;
tyrd atom yn awr,
ac aros gyda ni dros byth. AMEN.

TRINDOD

'Gras ein Harglwydd Iesu Grist, a chariad Duw, a chymdeithas yr Ysbryd Glân fyddo gyda chwi oll.' (2 Cor. 13: 13)

*

Dduw sanctaidd, creawdwr a Thad:
  addolwn di.
Arglwydd Iesu Grist, Fab Duw a gwaredwr:
  addolwn di.
Ysbryd Sanctaidd, diddanydd a rhoddwr bywyd:
  addolwn di.
Dragwyddol Dduw, yn dod atom
  mewn llawer dull a llawer modd,
  eto'n un mewn trindod,
  a'r drindod yn un;
  yn byw ac yn teyrnasu
  mewn undod o gariad perffaith:
  gerbron dirgelwch dy fawredd
  a rhyfeddod dy sancteiddrwydd
  addolwn di.

*

Addolwn Dduw ein Harglwydd mawr
Mewn parch a chariad yma'n awr;
Y Tri yn Un a'r Un yn Dri
Yw'r Arglwydd a addolwn ni.

Dragwyddol ac anfeidrol Dduw,
  diolch am i ti drwy dy Air
  a thrwy dystiolaeth dy eglwys
  ddatguddio dy hun i ni
  yng nghyfoeth a dirgelwch dy natur.
Er nad ydym yn deilwng i agosáu atat,
  ac er na fedrwn amgyffred rhyfeddod dy fawredd,
  yr wyt yn ein gwahodd i'th bresenoldeb,
  a thrwy Iesu Grist ac yng ngrym dy Ysbryd,
  yn ein tywys i rannu yn y cymundeb o gariad
  sydd ynot ti.

Addolwn di am i ni dy adnabod fel Duw y Tad:
am dy waith yn galw'r byd a'r bydoedd i fod;
am dy ragluniaeth dyner yn cynnal dy gread;
am i ti ddatguddio dy hun yn Dduw cariad;
am i ti ein dysgu i'th gyfarch fel Tad
ac i ymddiried yn dy ofal a'th dosturi.

Addolwn di am i ni dy adnabod fel Duw y Mab:
am i'th ogoniant dwyfol ddod i'n plith yn y dyn Iesu;
am i ti rannu yn ein bywyd dynol yn ei wynfyd a'i wae;
am i ti estyn dy fendith a'th gymorth i'r gwael a'r gwan;
am rym dy gariad yn maddau, yn tosturio ac yn iacháu,
ac am i ti farw ar y groes er mwyn i ni gael byw.

Addolwn di am i ni dy adnabod fel Duw yr Ysbryd Glân:
am i ti wisgo dy eglwys â nerth ar ddydd y Pentecost;
am i ti wroli dy ddisgyblion i gyhoeddi'r newyddion da;
am i ti oleuo, arwain a bywhau dy bobl ym mhob oes;
am dy bresenoldeb gyda ni yn ein harwain i'r gwirionedd
ac yn ein nerthu i barhau mewn gobaith yng ngwaith y deyrnas.

Y mae rhyfeddod dy sancteiddrwydd
yn llawer mwy na'n byd a'n bywyd ni,
ond diolchwn fod dy drugaredd yn ddigon mawr
i gofleidio'r lleiaf o'th blant.
Yn dy Drindod di o gariad perffaith,
crea drindod o gariad
rhyngom ni a thi a'n cyd-ddyn.
Planna ynom dy dosturi di tuag at dy blant anghenus,
a defnyddia ni
i estyn cymorth i'r newynog a'r tlawd;
i ddwyn gobaith i'r caeth a'r gorthrymedig;
i fod yn gwmni i'r unig a'r amddifad;
i gynnal y galarus a'r trist;
i gefnogi'r rhai sy'n wynebu anawsterau;
i fod yn ddwylo i gyflawni dy waith
ac yn enau i ddweud am dy gariad.

Ac i ti, yr unig wir Dduw,
yn Dad, Mab ac Ysbryd Glân,
y bo'r diolch, y mawl a'r gogoniant,
yn awr ac yn oes oesoedd. AMEN.

Adnewyddiad

'Edrychwch, 'rwyf yn gwneud peth newydd . . .
Yn wir, 'rwy'n gwneud ffordd yn yr anialwch,
ac afonydd yn y diffeithwch.' (Eseia 43: 19)
'Dywedodd yr hwn oedd yn eistedd ar yr orsedd,
Wele, yr wyf yn gwneud pob peth yn newydd.' (Dat. 21: 5)

*

Arglwydd Dduw, ein Tad,
yn dy gariad yn Iesu Grist
a thrwy rym dy Ysbryd Glân,
yr wyt yn gwneud pob peth yn newydd:
rho i ni gychwyn newydd ar ein pererindod;
rho i ni weledigaeth newydd o'th bwrpas;
rho i ni weld posibiliadau newydd i'r dyfodol;
rho i ni gyfle newydd i'th wasanaethu,
a rho i ni gân newydd i ganu dy glod.

*

Yn gyntaf, rhown ddiolch i Dduw am bob addewid a phob profiad o adnewyddiad trwy ei Ysbryd Glân . . .

Arglwydd, rhoddwr bywyd,
yr wyt ti wrth law bob amser
i nerthu ac i fywhau y sawl sy'n disgwyl wrthyt;
diolchwn am bob arwydd o weithgarwch dy Ysbryd
yn adfywio'n heneidiau,
ac yn plannu ynom ddyhead amdanat;
yn ysgubo ymaith ein difaterwch a'n syrthni
ac yn tywynnu arnom yn dy ras;
yn maddau i ni ein pechodau a'n hanufudd-dod
ac yn ein codi ar ein traed i'th wasanaethu.
Ysbryd Sanctaidd, anadla arnom,
ennyn ein moliant a derbyn ein diolch.

Gweddïwn am adnewyddiad yn ein ffydd a'n bywyd Cristnogol . . .

Arglwydd, rhoddwr bywyd,
gwyddost pa mor wan yw ein ffydd,
pa mor amherffaith yw ein cariad
a pha mor dlawd yw ein bywyd ysbrydol;
rho i ni afael sicrach arnat
a deffro ni i bresenoldeb dy Ysbryd o'n mewn.

Y mae angen dy nerth arnom
  i wynebu'r problemau hynny nad oes datrys arnynt,
  a'r anawsterau na allwn eu gorchfygu heb dy gymorth.
Cymorth ni i ymagor i ddoniau dy Ysbryd,
  i dyfu'n feunyddiol yn ein bywyd Cristnogol
  ac i ymroi gyda sêl i waith dy deyrnas.

Gweddïwn am adnewyddiad ym mywyd a thystiolaeth yr eglwys . . .

Arglwydd, rhoddwr bywyd,
  hiraethwn am i ti ymweld mewn grym
  â'th eglwys ac â chynulleidfaoedd dy bobl;
  i'w rhyddhau o bob anobaith a difaterwch;
  i'w codi o bob diffyg a bai a'u diwygio;
  i'w hachub o'u rhaniadau ac i'w huno mewn cariad;
  i'w tywys i ddeall dy ewyllys ar eu cyfer,
  i fentro dulliau newydd o ddathlu eu ffydd
  ac o'i chyfathrebu i eraill;
  i adfer eu hyder yn eu cenhadaeth i'r byd.
Rho i'th eglwys ffydd a gweledigaeth i wynebu'r dyfodol,
  a rho iddi orfoledd yn ei haddoliad a'i gwaith.

Gweddïwn am nerth ac adnewyddiad ysbryd i'r rhai sydd mewn angen ac mewn enbydrwydd . . .

Arglwydd, rhoddwr bywyd,
  clyw ein gweddi dros dy fyd a thros deulu dyn:
  ein brodyr a'n chwiorydd sydd mewn adfyd,
  mewn poen, mewn gofid ac mewn unigrwydd;
  y rhai sydd wedi eu mathru dan draed
  gan orthrwm a chreulondeb;
  y rhai sydd wedi eu cornelu
  gan flinder, llesgedd ac afiechyd;
  y rhai sydd wedi eu bwrw i anghofrwydd ac anobaith.
Adfer, adnewydda a bendithia hwy,
  a chadw ni oll yn dy gariad hyd y diwedd;
  trwy Iesu Grist ein Harglwydd. AMEN.

Addoliad

'Deuwch, addolwn ac ymgrymwn,
plygwn ein gliniau gerbron yr Arglwydd a'n gwnaeth.
Oherwydd ef yw ein Duw,
a ninnau'n bobl iddo a defaid ei borfa.' (Salm 95: 6-7)
'Addolwch yr Arglwydd mewn prydferthwch sancteiddrwydd,
yr holl ddaear, ofnwch ger ei fron ef.' (Salm 96: 9)

*

Teilwng wyt ti, Arglwydd sanctaidd,
o foliant ein genau a chariad ein calonnau.
Creaist ni i fod mewn perthynas â thi
a phlenaist ynom awydd i'th geisio;
gad i'r awydd droi yn ymdrech,
yr ymdrech yn addoliad,
a'r addoliad yn fendith i'n heneidiau
ac yn offrwm o fawl i ti.

*

Arglwydd, hyn yw ein haddoliad —
troi oddi wrth y byd a'i brysurdeb.
oddi wrth atyniad y materol,
oddi wrth waith a gofalon,
i sefyll ym mhresenoldeb yr hyn sydd real,
ac i ymgrymu gerbron y tragwyddol.
Arglwydd, bendithia ni.

Arglwydd, hyn yw ei haddoliad —
dod yn eiddgar o'th flaen
i rannu â thi ein profiadau,
i ddyrchafu'n bywyd, ein gwaith a'n hanghenion atat,
i ddiolch am yr hyn a gyflawnwyd ac a fwynhawyd gennym,
a'u rhannu ag un sy'n deall ac yn derbyn y cyfan.
Arglwydd, derbyn ni.

Arglwydd, hyn yw ein haddoliad —
dadlwytho'n calonnau o'r hyn sy'n peri cywilydd i ni:
ein camgymeriadau a'n beiau,
ein geiriau byrbwyll a'n meddyliau amhur,
a'r pethau a adawyd heb eu cyflawni,
gan ildio'n hunain i'th drugaredd
ac ymddiried yn dy faddeuant.
Arglwydd, maddau i ni.

Arglwydd, hyn yw ein haddoliad —
dwyn anghenion ein cyd-ddyn atat:
y rhai sydd mewn trallod a thristwch,
y rhai sy'n unig, yn ofnus ac yn swil,
y rhai sydd mewn afiechyd a phoen,
y rhai y gwyddom ni amdanynt,
a'r miliynau eraill di-enw, di-lais a diobaith,
gan ymbil am dy gwmni i'w cysuro
a'th ras i'w nerthu.
Arglwydd, clyw ni.

Arglwydd, hyn yw ein haddoliad —
nid siarad a phentyrru geiriau,
ond gwrando ar dy lais,
bwydo'n meddyliau yn dy Air,
ystyried, dysgu, derbyn,
ac ymgyflwyno'n llwyrach i waith dy deyrnas.
Arglwydd, cynorthwya ni.

Arglwydd, hyn yw ein haddoliad —
ymhyfrydu yn dy gwmni,
syllu mewn rhyfeddod ar dy ogoniant,
gwirioni arnat,
dy garu,
dy glodfori,
dy wasanaethu,
fel y perffeithir ein ffydd
ac y llenwir ein bywyd â'th fywyd dy hun.
Arglwydd, meddianna ni.

Arglwydd, derbyn offrwm ein haddoliad,
bendithia ni â gras ein Harglwydd Iesu,
llanw ni â chariad y Tad,
a chadw ni'n wastad yng nghymdeithas yr Ysbryd. AMEN.

FFYDD

*'Yng Nghrist Iesu ein Harglwydd, a thrwy ffydd ynddo,
y mae gennym hyder i ddod at Dduw yn ffyddiog.'* (Effes. 3: 12)
'Oblegid yr ydych bawb, trwy ffydd, yn feibion Duw yng Nghrist Iesu.' (Gal. 3: 26)

*

Yr wyt ti, Arglwydd grasol,
yn aros yn ystafell ddirgel ein calon
i siarad â ni ac i gymuno â ni.
Rho i ni ffydd i ddisgwyl yn ostyngedig wrthyt,
i ymryddhau o bob anniddigrwydd,
a phob meddwl annheilwng,
fel bo'r munudau hyn yn foddion gras i'n heneidiau
ac yn offrwm o addoliad i ti, ein Duw.

*

Rhown ddiolch i Dduw am y rhodd o ffydd ac am y breintiau a'r bendithion a ddaw inni o ddilyn Iesu Grist . . .

Arglwydd pob gras a gwirionedd,
diolch i ti am fendithion ffydd
ac am y nerth a'r gobaith a ddaw i ni o gredu ynot:
am inni dy adnabod yn dy Fab Iesu Grist;
am inni weld dy ogoniant yn ysblander dy gread;
am inni ganfod dy gariad yn dy roddion;
am inni gael adnabod pobl o ffydd gadarn
ac am eu dylanwad hwy arnom;
am bob profiad o'r bywyd sydd fywyd yn wir
ac am ragflas o'r bywyd tragwyddol.
I ti, Arglwydd, ein goleuni a'n gobaith,
yr offrymwn ein diolch a'n clod.

Gweddi o gyffes: cyffeswn ein difrawder, ein diffyg ffydd a'n hesgeulustod aml o Dduw . . .

Arglwydd pob gras a thrugaredd,
cydnabyddwn ger dy fron ein hanufudd-dod,
ein difaterwch a'n diffyg ymddiriedaeth ynot ti.
Maddau i ni pan fydd lamp ein ffydd yn llosgi'n isel,
ein gobaith yn pylu,
ein cariad yn oeri
a'n hamheuon yn ein pellhau oddi wrthyt.

Credwn dy fod yn edrych yn dosturiol
ar y gwan a'r edifeiriol:
yn dy drugaredd tosturia wrthym ninnau
ac adfer a bywha ein ffydd.

Gweddi o ymbil: gweddïwn dros y rhai sydd mewn gofid a thristwch ac yn teimlo'u ffydd a'u nerth yn annigonol . . .

Arglwydd pob gras a thosturi,
gweddïwn dros bawb sydd mewn adfyd a thrallod:
y rhai sy'n glynu wrth weddillion eu ffydd
tra bo'u byd yn gwegian,
oherwydd afiechyd nad oes iddo wellhad,
neu golled sy'n eu llorio.
Gweddïwn dros y rhai y mae goleuni ffydd
wedi diffodd yn llwyr yn eu heneidiau
a'u gadael yn nhywyllwch anobaith.
Tyrd atynt yn dy dynerwch a'th ras
i ailgynnau fflam eu gobaith
a'u harwain i ganfod diddanwch dy gariad.

Gweddïwn drosom ein hunain, am ras i dyfu yn ein ffydd bersonol ac yn ein bywyd Cristnogol . . .

Arglwydd pob gras a nerth,
nertha a chryfha ein ffydd,
a chymorth ni i ymateb i ti â phob rhan o'n bywyd.
Goleua ein meddyliau,
fel y credwn ynot gyda sicrwydd
a'th broffesu'n Arglwydd ac yn waredwr i ni.
Meddianna ein calonnau,
fel yr ymddiriedwn yn dy ofal,
a phwyso arnat ym mhob anhawster a phob awr dywyll.
Grymusa ein hewyllys,
fel yr ufuddhawn i'th orchmynion
ac ymroi i gyflawni dy waith yn y byd;
trwy Iesu Grist ein Harglwydd. AMEN.

CARIAD

'Gwelwch pa fath gariad y mae'r Tad wedi ei ddangos tuag atom: cawsom ein galw yn blant Duw . . . Cariad yw Duw, ac y mae'r hwn sy'n aros mewn cariad yn aros yn Nuw, a Duw yn aros ynddo yntau.' (1 Ioan 3: 1; 4: 16)

*

Ti, Arglwydd Dduw, yr hwn wyt gariad:
cariad uwchlaw pob cariad,
cariad difesur a di-drai,
cariad llawn trugaredd a maddeuant,
cariad anorchfygol Iesu Grist —
bendithiwn dy enw am dy holl ymwneud grasol â ni,
a gweddïwn am ras i'th garu'n well bob dydd.

*

Gweddi o ddiolch am bob mynegiant o gariad Duw tuag atom . . .

Diolch i ti, O Dduw ein Tad,
mai mewn cariad yr wyt ti wedi delio â ni erioed.
Yn dy gariad creaist ddyn ar dy lun a'th ddelw dy hun
a gwneud byd yn llawn cyfoeth ac amrywiaeth ar ei gyfer.
Yn dy gariad daethost yn agos iawn atom
yn dy Fab, Iesu Grist,
gan ddangos dy hun yn Dad tyner a graslon.
Yn ei dosturi ef,
yn ymgeleddu'r gwan,
yn cysuro'r anghenus
ac yn iacháu'r cystuddiol,
dysgodd i ni wir ystyr cariad.
Yn ei unigrwydd a'i ddioddefaint,
yn ing ac angau'r groes,
datguddiodd i ni ddyfnder a dirgelwch y cariad dwyfol.
Diolchwn mai yn y cariad hwn
yr ydym yn byw, yn symud ac yn bod.

Gweddi am fendith Duw ar bob perthynas o gariad rhyngom a'n gilydd . . .

Diolch i ti, O Dduw, dy fod yn dy gariad
yn ein tywys i berthynas â'n gilydd —
â'n hanwyliaid, ein cyfeillion, ein cydnabod
a'n cyd-ddynion ym mhob man.

Dyro dy fendith ar bob perthynas o gariad rhyngom.
Bendithia'n cyfeillion a gwna ni bob amser
  yn ffyddlon i'n gilydd,
  yn barod ein cymwynas,
  ac yn werthfawrogol o bob caredigrwydd.
Bendithia'n hanwyliaid a'n teuluoedd;
  gwna ni'n rasol, yn amyneddgar
  ac yn ofalus o fuddiannau'n gilydd.
Bendithia ni yn ein hymwneud â'n cyd-ddyn;
  yn arbennig, cynorthwya ni
  i garu'r digyfaill, y gwrthodedig,
  a'r rhai nad yw'n hawdd i ni eu hoffi.
Dysg ni i garu fel y carodd Crist
  ac i ddysgu gras a brawdgarwch.

Gweddi dros bawb sydd mewn angen am ddiddanwch a nerth y cariad dwyfol . . .

Ein Tad, derbyn ein hymbiliau ar ran dy fyd
  a phawb sydd mewn angen am nerth dy gariad:
  pobl anghenus y byd —
  y newynog, y tlodion a'r gorthrymedig,
  sydd heb wybod am gariad Duw na gofal cyd-ddyn;
  pobl anhapus y byd —
  y galarus, yr unig a'r diymgeledd,
  a'r rhai sydd heb neb i'w caru;
  pobl anghyfrifol y byd —
  y rhai sy'n peri poen a gorthrwm i eraill,
  ac yn ddifater o adfyd eu cyd-ddynion;
  pobl addfwyn y byd —
  y rhai sy'n tystio mewn gair a gweithred
  i ffordd dra rhagorol cariad Crist.
Dyro iddynt oll ac i ninnau o ddiddanwch dy gariad,
  a chymorth ni i dyfu yng ngras a thosturi
  Iesu Grist ein Harglwydd.
Gofynnwn hyn yn ei enw ef. AMEN.

DONIAU

'Y mae amrywiaeth doniau, ond yr un Ysbryd sy'n eu rhoi; ac y mae amrywiaeth gweinidogaethau, ond yr un Arglwydd sy'n eu rhoi . . .'
(1 Cor. 12: 4)
'Ond y mae gan bob un ei ddawn ei hun oddi wrth Dduw.'
(1 Cor. 7: 7)

*

Dad grasol,
dirion Iesu,
Ysbryd bendigaid —
Sanctaidd, Sanctaidd, Sanctaidd,
Dduw hollalluog:
dyrchafwn ein calonnau atat mewn cariad;
dyrchafwn ein heneidiau mewn gweddi;
dyrchafwn ein lleisiau mewn clod.
I ti, ffynhonnell pob dawn a bendith,
y bo'r clod a'r gogoniant.

*

O ddydd i ddydd,
yr wyt ti, Arglwydd,
yn llenwi trysorfa ein profiad â'th fendithion,
ac yn rhoi i ni ddoniau i ymateb i ti,
i fyw yn ddefnyddiol a dedwydd,
ac i garu a gwasanaethu'n gilydd.

Rhoddaist inni'r ddawn i ryfeddu:
i synnu at ogoniannau dy fyd,
i ymhyfrydu yng nghywreinrwydd gwaith dy fysedd,
i ymdeimlo â'r dirgelwch sy'n dy amgylchu,
i ymwybod â'th allu a'th ras.
Am y ddawn hon, diolchwn i ti.

Rhoddaist inni'r ddawn i garu:
i ymserchu yn ein hanwyliaid,
i feithrin cyfeillgarwch,
i estyn llaw i'r anghenus,
i ymateb mewn cariad i'th gariad di.
Am y ddawn hon, diolchwn i ti.

Rhoddaist inni'r ddawn i ddeall:
i amgyffred trysorau dysg a diwylliant,
i fwynhau llyfrau da a chelfyddyd gain,
i ymchwilio i gyfrinachau'r gwirionedd,
i ddirnad ac ufuddhau i'th ewyllys di.
Am y ddawn hon, diolchwn i ti.

Rhoddaist inni'r ddawn i gredu:
i synhwyro rhin dy bresenoldeb,
i ymddiried yn dy ofal drosom,
i brofi dy dangnefedd yn ein heneidiau,
i ganfod ystyr a nod i'n bywyd ynot ti.
Am y ddawn hon, diolchwn i ti.

Rhoddaist inni'r ddawn i'th adnabod:
i weld goleuni dy gariad yn wyneb Iesu Grist,
i glywed dy acenion di yn ei eiriau ef,
i ymdeimlo â grym dy ras yn ei weithredoedd,
i wyleiddio gerbron aberth arswydus ei groes.
Am y ddawn fwyaf hon o'th eiddo,
ac am dy haelioni digymar i ni yn Iesu Grist:
Diolchwn i ti.

O gydnabod mai o'th law di y daw pob rhodd a dawn
sy'n cyfoethogi'n bywyd,
cyflwynwn i ti, Arglwydd,
y rhai sy'n brin o'r doniau yr ydym ni'n eu mwynhau:
y rhai sydd wedi colli eu hiechyd
ac yn methu cyfarfod â gofynion bywyd;
y rhai sydd mewn dryswch meddwl
ac yn gwbl ddibynnol ar eraill;
y rhai sy'n gaeth i'w pryderon,
yn methu cysgu'r nos ac yn methu wynebu'r bore;
y rhai sy'n ddall,
yn methu gweld harddwch y byd na wynebau anwyliaid;
y rhai sy'n fyddar,
yn methu clywed seiniau natur na lleisiau ffrindiau;
y rhai sydd wedi colli cartrefi, teulu a bywoliaeth
mewn rhyfel a therfysg.
Dduw y doniau da,
cynnal, gwrola a nertha hwy,
yn enw Iesu Grist ein Harglwydd. AMEN.

TEULUOEDD

'Yr wyf yn plygu fy ngliniau gerbron y Tad, yr hwn y mae pob teulu yn y nefoedd ac ar y ddaear yn cymryd ei enw oddi wrtho, ac yn gweddïo ar iddo ganiatáu i chwi, yn ôl cyfoeth ei ogoniant, gryfder nerthol trwy'r Ysbryd yn y dyn oddi mewn, ac ar i Grist breswylio yn eich calonnau drwy ffydd.' (Effes. 3: 15)

*

Nefol Dad, mewn moliant a llawenydd
dathlwn ein perthynas â thi
o fewn teulu'r ffydd;
dathlwn ein perthynas â'n gilydd
o fewn teulu'r ddynoliaeth;
dathlwn y weledigaeth o holl deulu'r llawr
yn un fel teulu'r nef
mewn cariad ac mewn clod.

*

Rhown ddiolch i Dduw am ein teuluoedd, am y bendithion a ddaw i ni drwyddynt, a gweddïwn dros deuluoedd sydd mewn angen ac mewn adfyd . . .

Ein Tad, diolchwn i ti
am ein gosod o fewn ein teuluoedd
a'n clymu ynghyd mewn tynerwch a chariad,
yn wŷr a gwragedd a phlant,
i feithrin a chynnal ein gilydd,
i garu ac i gael ein caru,
i ddysgu ymddiriedaeth a chyfrifoldeb,
i gydlawenhau a chydalaru,
drwy holl droeon taith ein bywyd.
Gweddïwn dros deuluoedd ein gwlad:
dros barau priod ifanc sy'n dysgu cyd-fyw
ac yn profi llawenydd a her eu partneriaeth newydd;
dros deuluoedd a fylchwyd gan farwolaeth;
dros deuluoedd dan straen anghydfod neu anffyddlondeb;
dros deuluoedd a rwygwyd gan drais neu dlodi.
Rho iddynt ras i ymgynnal
ac i ddarganfod cyfrinach cymod.

Rhown ddiolch i Dduw am deulu ei eglwys, am ei bywyd, ei chymdeithas a'i gwaith, a gweddïwn dros dystiolaeth yr eglwys drwy'r byd heddiw . . .

Ein Tad, diolchwn i ti
am dy eglwys, am deulu dy bobl,
ac am y breintiau a ddaw i ni drwyddi:
yma y meithrinwyd ein ffydd
ac y daethom gyntaf yn ymwybodol ohonot;
yma y clywn dy Air di yn ein cyfarch,
ac y cyfarfyddwn â thi yn nhoriad y bara.
Gweddïwn dros dy eglwys —
yr eglwys fel y gwyddom ni amdani,
a'th eglwys fawr drwy'r holl fyd.
Lle bo'i ffydd yn wan,
rho iddi weledigaeth gliriach ohonot;
lle bo'i gobaith yn pylu,
argyhoedda hi o oruchafiaeth dy deyrnas;
lle bo'i chariad a'i thosturi yn oeri,
llanw hi ag ysbryd Crist y gwas,
ac adnewydda hi i gyflawni dy ewyllys.

Rhown ddiolch i Dduw am ein creu yn un teulu dynol, a gweddïwn dros y rhannau hynny o deulu dyn sy'n dioddef anghyfiawnder a gormes . . .

Ein Tad, diolchwn i ti
am amrywiaeth teulu'r ddynoliaeth.
Dy blant di ydym, o bell ac agos, —
teulu a grewyd gennyt ti;
teulu y daeth yr Arglwydd Iesu'n rhan ohono;
teulu y bu ef farw drosto.
Gweddïwn dros y rhai hynny o'th deulu
sy'n byw mewn tlodi ac angen:
y rhai sy'n newynu tra bo eraill ar ben eu digon;
y rhai sy'n ddigartref a diymgeledd;
y rhai sydd ar ffo oddi wrth ormes a rhyfel;
y rhai sydd mewn adfyd ac mewn anobaith.
Cyffwrdd â'n calonnau a bywha ein hewyllys
i geisio cyfiawnder i'th blant ym mhob man,
ac i ddwyn holl deuluoedd byd
i rannu yn llawenydd dy deyrnas. AMEN.

LLAIS

'Bydded imi glywed yr hyn a lefara'r Arglwydd Dduw, oherwydd bydd yn cyhoeddi heddwch i'w bobl.' (Salm 85: 8)
'Mewn llawer dull a llawer modd y llefarodd Duw gynt wrth y tadau yn y proffwydi, ond yn y dyddiau olaf hyn, llefarodd wrthym ni mewn Mab.' (Heb. 1: 1)

*

Yr wyt ti, Arglwydd, yn llefaru wrthym,
yng ngwirionedd dy Air sanctaidd
yn nhystiolaeth ac addoliad dy eglwys,
yn anadliadau dy Ysbryd ynom,
ac yn arbennig ym mywyd a pherson dy Fab, Iesu Grist.
Cynorthwya ni yn awr i ymdawelu,
i sefydlu ein meddyliau arnat,
i wrando dy lais yn sibrwd yn ein heneidiau,
ac i ymateb i ti mewn moliant a gwir weddi.

*

Rhown ddiolch i Dduw am iddo lefaru wrthym mewn amrywiol ffyrdd ac am bob cyfle a gawn i ymglywed â'i Air . . .

Diolch i ti, O Dduw, nad wyt wedi tewi erioed;
yr wyt wedi llefaru mewn llawer dull a modd,
trwy broffwydi, apostolion a saint yr oesau;
ond molwn di am inni glywed dy leferydd
a gweld dy wedd yn dy Fab, Iesu Grist,
gwir lun dy natur a'th ogoniant.
Diolch i ti am y Gair sy'n dweud amdano,
ac am i ni glywed dy lais yn siarad wrthym drwyddo:
y llais sy'n ein galw o'n cysgadrwydd a'n syrthni;
y llais sy'n dwysbigo ein cydwybod;
y llais sy'n ein galw i ddilyn Iesu,
i ymwadu â'r hunan a chodi'r groes bob dydd a'i ganlyn;
y llais sy'n galw pawb sy'n flinedig a llwythog
i bwyso arno ef am nerth a gorffwysfa.
Am hyfryd eiriau Iesu sy'n dwyn bywyd i'n heneidiau,
ac am holl seiniau'r greadigaeth sy'n dweud amdanat:
rhown ddiolch i ti, O Dduw.

Gweddïwn am faddeuant Duw am bopeth ynom sy'n ein hatal rhag ymglywed â'i lais ac ymateb i'w Air . . .

Maddau inni, O Dduw,
fod ein bywydau mor llawn prysurdeb a sŵn
fel nad ydym yn clywed acenion dy Ysbryd o'n mewn.
Maddau inni fod hudoliaeth pleserau a phethau
yn ein gwneud yn fyddar i'th alwadau.
Maddau inni fod ein segurdod a'n difaterwch
yn ein gwneud yn ddi-hid o'th orchmynion.
Distewa derfysg ein gofidiau o'n mewn
a dwndwr seiniau'r byd oddi allan.
Agor ein clustiau i'th lef ddistaw fain,
i wrando dy hyfrydlais
ac i glywed dy eiriau o ras a maddeuant.

Gweddïwn dros bawb mewn angen ar iddynt glywed llais Duw yn llefaru cysur a chymorth iddynt yn eu gofidiau . . .

Cyflwynwn i ti, O Dad,
y rhai sy'n dyheu am glywed dy leferydd
ynghanol eu helbulon a'u dryswch.
Wrth y sawl sydd mewn afiechyd a phoen,
dywed air i'w nerthu.
Wrth y sawl sydd mewn tristwch ac ofn,
dywed air i'w cysuro.
Wrth y sawl sydd wedi pellhau oddi wrthyt,
dywed air i'w galw'n ôl.
Wrth y sawl sy'n defnyddio geiriau
i gyfathrebu, i hyfforddi ac i gynghori,
dywed air i'w cyfarwyddo a'u harwain.
Wrth y sawl sy'n pregethu'r efengyl ac yn dweud am Iesu,
dywed air i'w hysbrydoli a'u cadarnhau.
Ac wrth bob un ohonom,
pan deimlwn ein ffydd yn wan a'n gofidiau yn ein llethu,
. . . *Dywed air fy Nuw,*
Torred dy leferydd
Sanctaidd ar ein clyw . . .
er mwyn y Gair tragwyddol ei hun,
Iesu Grist ein Harglwydd. Amen.

BENDITHION

'Bendigedig fyddo Duw a Thad ein Harglwydd Iesu Grist! Y mae wedi'n bendithio ni yng Nghrist â phob bendith ysbrydol yn y nefoedd . . . a thrwy hyn yr ydym i ddwyn clod i'w ogoniant ef.' (Effes. 1: 3, 12)

*

Diolch a chlod a fo i ti, O Dduw:
  ti yw ein digonedd a'n diogelwch,
  ti yw ein gobaith a'n gogoniant,
  ti yw ein llawnder a'n llawenydd —
Diolch a chlod a fo i ti, O Dduw.

Maddau i ni, Arglwydd, ein hanallu i werthfawrogi
  cyfoeth dy fendithion i ni dy blant.
Maddau i ni'r dallineb sy'n ein rhwystro rhag adnabod
  bendithion bywyd fel rhoddion oddi wrthyt ti.
Maddau inni'r balchder sy'n ein rhwystro rhag cydnabod
  ein dyled i ti.
Maddau i ni'r anufudd-dod sy'n ein rhwystro rhag
  iawn ddefnyddio dy roddion.
Rho i ni dy faddeuant
  a phenderfyniad i rodio'n fwy teilwng
  o'th ddaioni a'th ofal tadol.

*

Arglwydd hael,
  mor aml y deuwn atat â'n hymbiliau,
  mor anaml i offrymu'n moliant;
  mor aml y deuwn i ofyn,
  mor anaml i ddiolch;
  mor aml y deuwn i geisio,
  mor anaml i'th gydnabod
  am amrywiaeth a chyfoeth dy roddion.
Yn dy gariad mawr rhoddaist i ni'r holl fendithion hynny
  sy'n dwyn cysur a chyfoeth i'n dyddiau.

Diolchwn i ti am harddwch:
  am ffresni'r dydd,
  am ogoniant y cread,
  am gynnyrch a chywreinrwydd natur.

Diolchwn i ti am fywyd:
am anadl einioes,
am gyrff iach a meddyliau clir,
am egni ac afiaeth byw.

Diolchwn i ti am bobl:
am gariad a gofal anwyliaid,
am gwmni a chefnogaeth ffrindiau,
am esiampl ac ysbrydiaeth pobl dda.

Diolchwn i ti am waith:
am y tasgau a roddaist i ni i'w cyflawni,
am gael gwasanaethu cymdeithas a chyd-ddyn,
am gael bod yn gydweithwyr â thi yn dy deyrnas.

Diolchwn i ti am eglwys:
am gymdeithas ein cyd-Gristnogion,
am foddion gras a bendithion addoli,
am gael bod yn rhan o gorff Crist.

Diolchwn i ti am Iesu Grist,
Arglwydd ein bywydau a gwaredwr ein heneidiau:
am ei gariad yn ein cymodi â thi
ac yn ein dysgu i garu'n gilydd;
am ei arweiniad yn ein tywys drwy bob argyfwng
a thrwy bob awr dywyll;
am ei fuddugoliaeth yn ein codi o afael pechod ac angau
ac am y sicrwydd ei fod ef gyda ni bob amser
ac ym mhob man hyd ddiwedd y byd.

Dymunwn fynegi ein diolch, nid mewn geiriau'n unig,
ond mewn bywydau o wasanaeth ac ymgysegriad.
Gwna ni'n barotach i gynorthwyo'r gwan a'r tlawd,
fel bo'r bendithion a dderbyniwn gennyt
yn llifo drwom i'w bywydau hwy.
Gwna ni'n dyner mewn gair,
yn hael mewn gweithred,
ac yn gyfryngau bendith i bawb mewn angen;
yn enw Iesu Grist ein Harglwydd. AMEN.

TAWELWCH

'Disgwyl yn dawel am yr Arglwydd,
aros yn amyneddgar amdano.' (Salm 37: 7)
'Yr ydym yn atolwg i chwi, frodyr, gynyddu ohonoch fwyfwy;
a rhoddi ohonoch eich bryd ar fod yn llonydd.' (1 Thes. 4: 10-11)

*

Dduw hollbresennol,
rho gymorth i ni ymdawelu
a gwybod mai tydi sydd Dduw.
Llonydda ein meddyliau
a thywys hwy i fyfyrio yn dy Air.
Llonydda ein dychmygion
a chanola hwy ar dy brydferthwch.
Llonydda ein teimladau
a chyfeiria hwy at dy gariad.
Llonydda ein hofnau
a chofleidia ni yn dy hedd.
Llonydda'r holl ferw sydd ynom
a llanw'r munudau hyn
â gras a gwefr addoli.

*

Arglwydd, mawrygwn ein braint
o gael dod i mewn i'th gynteddoedd
ac i ddistawrwydd sanctaidd dy bresenoldeb.
Helpa ni i droi'r distawrwydd yn dawelwch,
y tawelwch yn dangnefedd,
y tangnefedd yn weddi,
y weddi yn gyfrwng bendith,
a'r fendith yn atgyfnerthiad i'n heneidiau.
Gwna'r munudau hyn yn amser o ymryddhau
oddi wrth brysurdeb a rhuthr bywyd bob dydd;
yn amser o adnewyddiad mewnol;
yn amser o synnu a rhyfeddu at dy gariad;
yn amser o ymdeimlo â nerthoedd glân a grymus dy Ysbryd
yn cyniwair ynom ac o'n hamgylch . . .
(distawrwydd)

Arglwydd, yn y tawelwch
helpa ni i ymwybod â'th ddaioni:
ym mhopeth sy'n hyfryd i'r llygad
ac yn swynol i'r glust;
yn haelioni dy ddarpariaeth ar ein cyfer;
ym mhrydferthwch y byd;
yng nghynnyrch y ddaear;
yng nghelfyddyd a gwybodaeth dyn . . .

(distawrwydd)

Arglwydd, yn y tawelwch
helpa ni i glywed dy lais:
yn neges a her y Beibl;
yn y Gair sydd y tu hwnt i'r geiriau;
yn ei ddatguddiad ohonot ti i bobl drwy'r oesau;
yn ei alwad i edifeirwch a ffydd;
yn ei addewid o fywyd newydd;
yn ei rym achubol a chreadigol . . .

(distawrwydd)

Arglwydd, yn y tawelwch
helpa ni i eiriol dros eraill:
y rhai sydd yn sŵn rhyfel a therfysg;
y rhai sydd mewn poen a galar;
y rhai y mae eu nerfau dan straen;
y rhai y mae pryder, tensiwn ac ofn yn eu llethu;
y rhai sy'n crefu am yr hwyr
ac yn griddfan am y wawr;
y rhai y gwyddom ni yn bersonol amdanynt . . .

(distawrwydd)

Arglwydd, yn y tawelwch
helpa ni i ymgyflwyno i ti ac i'th waith yn y byd:
i ymateb i'th gymhelliad i ddilyn Iesu Grist;
i roi i ti ein calonnau i fynegi dy gariad;
i roi i ti ein genau i gyhoeddi dy neges;
i roi i ti ein meddyliau i ddirnad dy ewyllys;
i roi i ti ein dwylo i gyfryngu dy dosturi;
i roi i ti ein hamser i'w lenwi a'i sancteiddio â'r tragwyddol.
Derbyn ein gweddi a chadw ni yn nhawelwch dy dangnefedd.
AMEN.

Eiriolaeth

'Peidiwch â phryderu am ddim, ond ym mhob peth gwneler eich deisyfiadau yn hysbys i Dduw trwy weddi ac ymbil, ynghyd â diolchgarwch.' (Phil. 4: 6)

*

Arglwydd Dduw,
yr wyt ti yn croesawu eiriolaeth dy bobl.
Arglwydd Iesu,
yr wyt ti yn eiriol drosom ar ddeheulaw'r Tad.
Ysbryd Sanctaidd,
yr wyt ti yn eiriol ynom
ac yn ein cynorthwyo i weddïo.
Drindod Sanctaidd, gwrando ni,
a defnyddia ein hymbiliau gwael
i ddwyn bendith i eraill,
budd i'n heneidiau ninnau,
a chlod i'th enw di.

*

Yn ein gweddi gofynnwn am gymorth yr Ysbryd Glân i agosáu at Dduw . . .
Diolchwn am gael eiriol dros ein gilydd a thros y byd . . .
Cyflwynwn i Dduw ein gweddïau dros eraill, gan gofio'n arbennig am y rhai y gwyddom ni amdanynt sydd mewn angen, afiechyd neu adfyd . . .

Arglwydd grasol,
daethost atom yn dy Fab Iesu Grist
i amlygu dy gariad a'th dosturi tuag at dy blant,
i sefydlu dy deyrnas ar y ddaear,
i'n galw i fod yn eglwys i ti,
ac i osod arnom y cyfrifoldeb
o eiriol dros dy fyd
ac i wasanaethu'n gilydd yn dy enw.
Dysg ni sut i weddïo ac am beth i'w ofyn,
i ymddiried yn dy gariad iachusol,
ac i wybod dy fod, trwy ein hymbiliau ni,
yn sianelu dy ras i eraill.

Eiriolwn, Arglwydd,
Ar ran y cleifion a'r cystuddiol
a'r sawl sydd heb obaith gwellhad;
Ar ran y rhai sy'n gweini ar eraill,
yn lleddfu poen ac yn iacháu afiechydon:
Arglwydd, clyw ein gweddi.

Ar ran y galarus a'r unig
a'r sawl y mae eu hiraeth yn eu llethu;
Ar ran yr amddifad a'r digyfaill
a'r sawl sydd heb neb i weddïo trostynt:
Arglwydd, clyw ein gweddi.

Ar ran cartrefi a theuluoedd
a rwygwyd gan drais, anffyddlondeb neu gynni;
Ar ran y rhai sydd ymhell oddi cartref
ac yn unig yn hwyr y dydd:
Arglwydd, clyw ein gweddi.

Ar ran y tlawd a'r digartref
a'r rhai sydd heb neb i'w hymgeleddu;
Ar ran ffoaduriaid a'r newynog
a phawb sy'n dioddef o achos trachwant eraill:
Arglwydd, clyw ein gweddi.

Ar ran arweinwyr y gwledydd
a'r rhai a osodwyd mewn awdurdod dros eraill;
Ar ran pawb sydd yn ymdrechu dros gyfiawnder a rhyddid
a phawb sy'n ceisio heddwch rhwng y cenhedloedd:
Arglwydd, clyw ein gweddi.

Ar ran yr eglwys ledled y ddaear
a chynulleidfaoedd dy bobl ym mhob man;
Ar ran y rhai sy'n cyhoeddi efengyl Crist
ac yn arwain eraill i fywyd newydd ynddo ef:
Arglwydd, clyw ein gweddi.

I'th ddwylo di, Dduw Dad,
y cyflwynwn ein hunain, ein gilydd a'n gweddïau,
gan ofyn i ti ein defnyddio
i gyflawni dy ewyllys ac i estyn dy deyrnas;
trwy Iesu Grist ein Harglwydd. AMEN.

Twf

'Gadewch i ni ddilyn y gwir mewn cariad, a thyfu ym mhob peth i Grist.' (Effes. 4: 15)
'Cynyddwch mewn gras, ac mewn gwybodaeth o'n Harglwydd a'n Gwaredwr Iesu Grist. Iddo ef y bo'r gogoniant yn awr ac am byth!' (2 Pedr 3: 18)

*

Deuwn atat, O Dad, i fawrygu dy enw
ac i gydnabod yn addolgar
dy fawredd, dy allu a'th ras.
Deuwn i geisio arweiniad dy Ysbryd
ac i ddeisyf bendith dy bresenoldeb.
Deuwn i gydnabod baich ein troseddau,
i gyffesu ein pechodau
ac i ymbil am dy faddeuant.
Deuwn yn addolgar,
deuwn yn ddisgwylgar,
deuwn yn ostyngedig,
deuwn yn enw Iesu Grist,
ein gwaredwr a'n Harglwydd.

*

Yn gyntaf, gweddïwn am ras i dyfu yn ein hymrwymiad i'r Arglwydd Iesu ac fel disgyblion iddo . . .

Diolchwn i ti, Arglwydd,
am holl roddion a bendithion dy ras,
ac am y mynegiant perffaith o'th ewyllys
ac o'th gariad tuag atom yn dy Fab Iesu Grist.
Cynorthwya ni i ymateb i'th roi mawr di
trwy ymgyflwyno'n llwyrach i'n Harglwydd Iesu
a thyfu yn ein hadnabyddiaeth ohono,
yn ein cariad tuag ato a'n hufudd-dod iddo.
Arglwydd, clyw ein gweddi.

Gweddïwn am ras i dyfu yn ein ffydd . . .

Diolchwn i ti, Arglwydd,
am i ti ein harwain i'th adnabod,
i gredu ynot ac i'th gyffesu.
Cynorthwya ni i dyfu yn ein ffydd
ac yn ein hymddiriedaeth ynot.

Rho inni olwg cliriach ar dy wirionedd,
a gafael sicrach arnat,
fel y byddwn yn credu ynot gyda sicrwydd
ac yn tystio i ti yn ddi-ofn gerbron y byd.
Arglwydd, clyw ein gweddi.

Gweddïwn am ras i dyfu mewn cariad . . .

Diolchwn i ti, Arglwydd,
am i ti ein dysgu yn dy Air mai Duw cariad wyt ti,
ac mai'r ffordd orau i gyd yw ffordd cariad.
Cynorthwya ni i dyfu yng nghariad Crist,
i garu'n gilydd,
i faddau i'n gelynion,
ac i gydymddwyn â phawb,
fel y bydd eraill trwom yn dy adnabod di,
hanfod a ffynhonnell pob cariad.
Arglwydd, clyw ein gweddi.

Gweddïwn am ras i dyfu mewn sancteiddrwydd . . .

Diolchwn i ti, Arglwydd,
am ein galw i fod yn bobl i ti
ac yn demlau byw i'th Ysbryd Glân.
Cynorthwya ni i dyfu mewn daioni,
mewn sancteiddrwydd ac mewn gostyngeiddrwydd.
Gwna ni'n bur mewn meddwl, gair a gweithred,
fel, gyda'r pur o galon, y cawn weld Duw
a thyfu'n debycach i'n gwaredwr Iesu Grist.
Arglwydd, clyw ein gweddi.

Gweddïwn am ras i dyfu mewn tosturi . . .

Diolchwn i ti, Arglwydd,
am ein galw i wasanaethu ac i eiriol dros dy blant.
Defnyddia ein cariad a'n tosturi
i fod yn gyfryngau gras a chymorth
i'r rhai sydd mewn poen a phryder,
y rhai sydd mewn unigrwydd ac ing meddwl,
y rhai sydd mewn tristwch a thrallod,
a'r rhai sydd mewn tlodi ac enbydrwydd.
Rho gymorth inni gynyddu yng ngrasusau'r bywyd Cristnogol
ac i ddwyn clod a gogoniant i ti, ein Duw;
trwy Iesu Grist, ein Harglwydd. AMEN.

EHANGDER

'A elli di ddarganfod dirgelwch Duw, neu gyrraedd at gyflawnder yr Hollalluog? Y mae ei fesur yn hwy na'r ddaear, ac yn ehangach na'r môr.' (Job 11: 7, 9)

*

Arglwydd, grymus a grasol,
gorfoleddwn yn ehangder dy gariad
ac yn helaethrwydd dy drugaredd.
Gan na fedrwn ni nesáu at dy fawredd,
tynn ni atat dy hun,
llanw'n haddoliad â'th bresenoldeb
a chadw ni'n wastad
yn nirgelwch dy gymdeithas.

*

Arglwydd, mor eang yw dy waith:
yn llunio ac yn llenwi'r greadigaeth,
yn ymledu i'r gofod di-ben-draw,
yn cynnal rhod y planedau a'r tymhorau,
yn cadw'r lleiaf a'r distadlaf o'th greaduriaid
yn ddiogel yn dy law.

Arglwydd, mor helaeth yw dy gariad:
yn ymestyn i bob man,
yn cwmpasu pob peth,
yn cofleidio'r anghenus a'r annheilwng,
yn agor ffordd i'n calonnau cyndyn,
yn ein cymodi â thi ac â'n gilydd.

Arglwydd, mor gyfoethog yw dy wirionedd:
yn goleuo'n meddyliau â dysg a doethineb,
yn llewyrchu arnom o'th Air,
yn ymgnawdoli yn ein mysg yn Iesu Grist,
yn dangos i ni dy ogoniant ynddo ef,
yn rhoi ystyr a chyfeiriad i'n bywyd.

Wrth i ni ryfeddu at dy fawredd
rho i'n bywydau ninnau helaethrwydd ac ehangder:
. . . ehanga 'mryd, a gwared fi
Rhag culni o bob rhyw.

Arglwydd, ehanga'n meddyliau.
Gwared ni oddi wrth y pendantrwydd dall
  sy'n gwrthod pob gwybodaeth newydd,
  a'r rhagfarnau caeth
  sy'n gwrthod gwrando a dysgu oddi wrth eraill.
Dysg ni fod dy wirionedd
  yn fwy na'n deall a'n hamgyffred ni,
  a gwna ni'n agored i dderbyn
  pob newydd wyrth a ddaw i'r golau
  yn narganfyddiadau'r gwyddonydd,
  yng ngweledigaeth yr artist,
  ac yng nghyfoeth di-ball efengyl Iesu Grist.

Arglwydd, ehanga'n cydymdeimlad.
Gwared ni rhag y caledwch calon
  sy'n anystyriol o boen ac angen ein cyd-ddyn,
  a'r plwyfoldeb cul sy'n ein gwahanu
  oddi wrth eraill sy'n wahanol i ni
  o ran cenedl, hil neu iaith.
Dysg ni i weld pob plentyn i ti
  yn frawd neu'n chwaer i ninnau;
  planna ynom dosturi'r Iesu,
  a gwna ni'n barod i estyn llaw
  mewn cymorth a chysur i'r trallodus.

Arglwydd, ehanga'n gweledigaeth.
Gwared ni rhag gorwelion cyfyng
  sy'n ein hatal rhag gweld ymhellach
  na ffiniau ein bro a'n cydnabod,
  ein capel a'n henwad.
Dysg ni i weld fod dy deyrnas di
  yn ymestyn dros bob agwedd o fywyd,
  a'th eglwys yn ymledu i bob cwr o'r byd.
Agor ein llygaid i'th ddyfodol di,
  a rho i ni hyder a gobaith newydd
  i ymroi i'n cenhadaeth
  i ddwyn y byd at Iesu Grist. AMEN.

Cysegr

'Mor brydferth yw dy breswylfod,
O Arglwydd y Lluoedd . . .
Gwyn eu byd y rhai sy'n trigo yn dy dŷ,
yn canu mawl i ti'n wastadol.' (Salm 84: 1, 5)

*

Yn y lle hwn, ar yr awr hon,
plygwn yn addolgar o'th flaen di, ein Duw.
Yr wyt ti'n llenwi pob lle a phob awr,
a disgwyliwn ninnau'n weddïgar
i'th bresenoldeb ein cofleidio,
i'th dangnefedd ostegu pob cynnwrf ynom,
i'th gariad ein tynnu tuag atat,
i'th Ysbryd ennyn ynom fawl ac addoliad,
a throi'r lle hwn a'r awr hon
yn borth y nefoedd i ni.

*

Dduw sanctaidd,
yr wyt ti'n trigo yn uchder y nefoedd,
nid mewn temlau o waith llaw;
ond diolchwn dy fod yn ymgartrefu yn ein mysg,
yn ein cyfarfod o fewn cynulleidfa dy bobl,
ac yn amlygu dy hun i ni
o fewn awyrgylch ac addoliad dy dŷ.

Bendithiwn di am y cysegr hwn:
am y rhai a'i cododd yn allor i ti,
a'i gysegru i'th ogoniant
â'u gweddïau a'u ffyddlondeb;
am i ni yma gael cyfarfod â thi ac â'n gilydd,
ac am bob nerth ac ysbrydiaeth
a ddaw i ni o fewn dy gynteddau.

Bendithiwn di am addoliad y cysegr:
am bregethiad y Gair,
am sacramentau'r efengyl,
am agosrwydd y cwmwl tystion,
am bob profiad o gyffyrddiad y sanctaidd â'n bywyd,
am egni ysbrydol gweddi a mawl,
am orfoledd salm a chân ac emyn.

Bendithiwn di am gymdeithas y cysegr:
am ein cyfeillgarwch yng Nghrist,
am gefnogaeth a charedigrwydd teulu'r ffydd,
am bob pontio mewn dealltwriaeth rhwng hen ac ifanc,
am i'r unig ganfod yma gwmni,
am i'r trallodus ganfod yma ddiddanwch,
am bob cyfle i rannu bendithion a beichiau.

Bendithiwn di am ddylanwad y cysegr:
am waith a thystiolaeth dy eglwys yn y gymdeithas,
yn cynnal Ysgol Sul ac yn dysgu plant,
yn arwain a hyfforddi'r ifanc,
yn bugeilio'r llesg a'r claf a'r unig,
yn gwarchod iaith, diwylliant a moes,
yn adeiladu dy bobl yn y ffydd.

Gweddïwn dros eglwysi ein gwlad.
Bendithia ac adnewydda hwy â'th Ysbryd Glân:
gwna hwy'n arwyddion o'r sanctaidd mewn byd secwlar;
yn ynysoedd gobaith i rai mewn trallod;
yn dystion gwiw i Iesu Grist.
Gweddïwn dros arweinwyr yr eglwysi:
gweinidogion, blaenoriaid ac athrawon;
rho iddynt weledigaeth a dyfalbarhad;
gwarchod hwy rhag digalondid a difaterwch,
rhag i'w gwaith a'u cenhadaeth fynd yn ofer.
Gweddïwn dros aelodau'r eglwysi:
y rhai sy'n sefyll dros werthoedd y cysegr
yn eu bywyd pob dydd ac ym mysg eu cyfeillion;
y rhai sy'n cynnal gwerthoedd Cristnogol
o fewn eu cartrefi a'u teuluoedd,
a'r rhai sy'n hybu'r deyrnas
mewn addysg, diwydiant a masnach.

Arglwydd, cryfha ein hymrwymiad ninnau i'th eglwys —
dy eglwys yn y lle hwn;
dy eglwys fawr yn y nef ac ar y ddaear —
corff Crist a theulu Duw. AMEN.

DIOLCHGARWCH

'Diolchwch i'r Arglwydd!
Galwch ar ei enw,
gwnewch yn hysbys ei weithredoedd
ymysg y bobloedd.
Canwch i'r Arglwydd, yr holl ddaear,
cyhoeddwch o ddydd i ddydd
ei iachawdwriaeth.' (1 Cronicl 16: 8, 23)

*

Arglwydd, agor ein llygaid i ganfod dy ddaioni,
a'n genau i ganu dy glod.
Planna ynom yr ysbryd diolchgar hwnnw
sy'n gweddu i rai sy'n ymddiried ynot.
Bydd drugarog wrthym a maddau i ni —
y dallineb sy'n ein hatal rhag gwerthfawrogi dy roddion;
y diofalwch sy'n peri i ni eu camddefnyddio;
yr ysbryd hunanol sy'n ein gwneud yn drachwantus
yn ein defnydd ohonynt.
Glanha ni o'n beiau
a chymorth ni, mewn llawenydd a gostyngeiddrwydd,
i offrymu iti ein mawl a'n diolch.

*

O Dduw ein Tad a'n Harglwydd,
diolchwn i ti am y cyfan a greaist
ac am y cyfan a gyfrenaist i ni dy blant.
Yr wyt wedi llenwi ein bywyd â phrydferthwch a daioni,
ac wedi'n hamgylchynu â phethau hardd a defnyddiol.

Diolchwn i ti am dy gread:
am odidowgrwydd y byd o'n cwmpas;
am ogoniant y bryniau a'r dyffrynnoedd,
yr afonydd a'r moroedd,
y meysydd a'r blodau.
Yn ysblander a chyfoeth dy greadigaeth
gwelwn dystiolaeth i ryfeddod dy waith
yn ein cynnal, ein cadw a'n cyfoethogi.

Diolchwn i ti am dy ofal tadol:
am gynhaliaeth a bendithion bywyd beunyddiol;
am iechyd a nerth;
am serchiadau a chyfeillgarwch.
Yn holl fendithion bywyd yr wyt yn rhoi i ni lawenydd,
ac yn nhreialon bywyd yr wyt yn ein dysgu i ymddiried ynot.

Diolchwn i ti am dy arweiniad:
am dy ffyddlondeb i ni bob amser;
am i ti ein harwain a'n nerthu ar lwybrau bywyd;
am i ti fod yn oleuni i ni ymhob tywyllwch
ac yn gynhaliaeth ymhob argyfwng.
Mewn hawddfyd ac mewn adfyd buost wrth law bob amser
i'n tywys a'n hymgeleddu.

Diolchwn i ti am rasusau'r efengyl:
am dy gariad anfeidrol yn Iesu Grist;
am bob mesur o'th wirionedd a ddysgaist i ni;
am foddion gras a chymdeithas dy bobl;
am faddeuant pechodau ac am obaith gogoniant.

Rhoddaist i ni'r holl fendithion dirifedi hyn
i wneud ein dyddiau yn hardd ac yn llawen.
Cynorthwya ni i ymateb gyda diolchgarwch
nad yw'n bodloni ar eiriau yn unig,
ond sy'n mynegi ei hun mewn ymgysegriad
i ti ac i waith dy deyrnas.

Cyflwynwn i ti y rhai sy'n methu diolch heddiw
a'r rhai sy'n amau dy ragluniaeth a'th ofal.
Bydd yn gymorth ac yn ddiddanwch
i'r rhai sydd mewn adfyd a thrallod,
mewn galar a thristwch,
mewn afiechyd a llesgedd,
mewn unigrwydd ac anobaith.
Tro eu tywyllwch yn oleuni
a'u gofid yn gysur.
Clyw ein hymbiliau ar eu rhan,
a gwna ninnau bob amser yn fwy diolchgar
am ein dedwyddwch a'n hiechyd.
Cyflwynwn ein moliant a'n hymbiliau
yn enw ein Harglwydd a'n Gwaredwr, Iesu Grist. AMEN.

BARA

'Profwch, a gwelwch mai da yw'r Arglwydd.
Gwyn ei fyd y gŵr sy'n llochesu ynddo.' (Salm 34: 8)
'Gwyn eu byd y rhai sy'n newynu a sychedu am gyfiawnder, oherwydd cânt hwy eu digon.' (Math. 5: 6)

*

Arglwydd Dduw, ein cynhaliwr a'n hiachawdwr,
plygwn ger dy fron i'th gydnabod
am y cyfan a wnaethost er ein mwyn yn dy Fab Iesu Grist,
bara'r bywyd, goleuni'r byd a gwaredwr ein heneidiau.
O fyfyrio ac ymborthi arno,
cyfoethoga ein profiad,
cryfha ein ffydd,
glanha ein calonnau,
a sancteiddia'n haddoliad.

*

Dywedodd Iesu yn nydd ei demtiad,
'Nid ar fara yn unig y bydd dyn fyw . . .'
Dduw Dad, molwn di
am bopeth da a roddaist i ni i'w fwynhau,
ac am i ti ddarparu ar gyfer ein holl anghenion.
Maddau inni am gamddefnyddio'r bara a roddaist inni.
Maddau inni ein trachwant,
yn ceisio mwy i ni ein hunain nag sydd ei angen arnom.
Maddau inni ein pryder,
yn ceisio lloches a diogelwch mewn golud bydol.
Gwared ni rhag ceisio ymborth a diddanwch
mewn pethau materol yn unig.
Yn dy drugaredd, clyw ein gweddi.

Dywedodd Iesu wrth ddysgu ei ddisgyblion i weddïo,
'Dyro inni heddiw ein bara beunyddiol . . .'
Dduw Dad, molwn di
dy fod yn ein cynnal a'n porthi pob dydd,
ac yn hulio ein byrddau â'th roddion hael.
Cadw ni rhag anghofio'r rhai sy'n newynu,
y rhai sydd heb gartrefi a heb gynhaliaeth,
a'r rhai sy'n gorfod gwylio'u plant
yn araf nychu o eisiau bwyd.

Rho i ni dosturi Iesu Grist
a phenderfyniad i rannu ein bara beunyddiol
â'th blant ymhob man sydd mewn angen.
Yn dy drugaredd, clyw ein gweddi.

Dywedodd Iesu wrth fwydo tyrfa newynog,
'Myfi yw bara'r bywyd . . .'
Dduw Dad, molwn di
am i ti roi i ni dy Fab Iesu Grist,
i fod i ni yn fwyd ac yn ddiod nefol
na fydd yn darfod byth.
Cadw ni bob amser yn agos ato,
fel bo'i eiriau grasol, ei fywyd hardd a'i angau drud,
yn faeth i'n heneidiau.
Cymorth ni i ymddiried ynddo,
i ddilyn yn ostyngedig yn ei lwybrau,
ac i dyfu'n ddisgyblion ffyddlon iddo.
Yn dy drugaredd, clyw ein gweddi.

Dywedodd Iesu wrth rannu bara yn y Swper Olaf,
'Hwn yw fy nghorff, sy'n cael ei roi er eich mwyn chwi . . .'
Dduw Dad, molwn di
am i Iesu roi ei hun mewn cariad ac ufudd-dod drosom;
am iddo ddioddef ing a gwaradwydd;
am iddo wisgo coron ddrain a chodi'r groes;
am iddo ddwyn beichiau pechod ac angau;
am iddo farw i fynegi i ni gariad diderfyn y Tad.
O gofio drylliad ei gorff drosom,
dryllia ein pechod a'n hunanoldeb ninnau,
a phlanna ynom awydd newydd
i ymgysegru iddo.
Yn dy drugaredd, clyw ein gweddi.

Arglwydd Iesu,
bara'r bywyd a gobaith ein heneidiau,
clyw a derbyn ein deisyfiadau
a offrymwn yn dy enw ac er dy fwyn. AMEN.

LLAW

'Y mae dy holl waith yn dy foli, Arglwydd,
a'th saint yn dy fendithio . . .
Y mae dy law yn agored,
ac yr wyt yn diwallu popeth byw
yn ôl d'ewyllys.' (Salm 145: 10-16)

*

Cymorth ni, O Dad,
yn nhawelwch y munudau hyn,
i ymddiried yng nghadernid dy law;
y llaw sydd drosom i'n cysgodi,
oddi tanom i'n cynnal,
o'n blaen i'n tywys,
o'n tu ôl i'n cyrchu.
Ymafla ynom ac arwain ni
i ymuno â'th bobl ym mhob man
i'th addoli di, ein creawdwr a'n gwaredwr.

*

Yn dy ofal di, Arglwydd,
y mae ein bywyd, ein diogelwch a'n digonedd.
Amgylchynaist ni yn ôl ac ymlaen
a gosodaist dy law arnom.

Diolchwn am y llaw sy'n amddiffyn:
am dy ofal yn ein hamgylchynu
a'th ras yn ein diogelu rhag ein hofnau —
yr ofnau hynny sy'n creu straen a blinder,
yr ofnau afresymol, dall sy'n ein llethu,
a'r ofnau dychmygol sy'n troi'n hunllef i ni.
Diolchwn fod pob ofn yn cilio pan ymaflwn yn dy law.

Diolchwn am y llaw sy'n digoni:
sy'n agored ac yn llawn bob amser,
yn glawio bendithion
ac yn diferu brasder ar ein llwybr;
ond er cymaint a gawsom,
y mae mwy gennyt ti i'w roi o'th gariad dihysbydd.
Gwna ni yn fwy gwerthfawrogol o'th roddion,
ac yn fwy diolchgar am dy ofal amdanom.

Diolchwn am y llaw sy'n tywys:
  pan deimlwn ein ffydd yn wan,
  yr wyt ti yn dal dy afael ynom;
  pan ddiffygiwn ar lwybrau bywyd,
  yr wyt ti yn ein gwroli;
  pan grwydrwn oddi wrthyt,
  yr wyt ti yn ein harwain yn ôl atat dy hun
  ac yn ein cofleidio yn dy faddeuant.

Diolchwn am y llaw sy'n bendithio:
  fel y gadawodd Iesu ei fendith ar bawb a ddaeth ato,
  ar lan y môr, ar odre'r mynydd a gerllaw'r ffynnon,
  yr wyt yn estyn dy fendith i ninnau,
  yn ein tynnu tuag atat yn dy gariad,
  yn anadlu dy fywyd ynom,
  yn ein cyffwrdd â'th Ysbryd,
  ac yn ein llenwi â'th dangnefedd.

Diolchwn am y llaw sy'n iacháu.
Gan i Iesu agor llygaid y deillion,
  glanhau'r gwahanglwyfus
  a chodi'r cloffion ar eu traed,
  credwn mai cyffyrddiadau dy law arnom
  sy'n rhoi i ninnau nerth a bywyd,
  a chyflwynwn i ti bawb sydd mewn afiechyd,
  bawb sy'n llesg ac yn wan,
  bawb sy'n bryderus a thrist,
  er mwyn iddynt hwythau brofi nerth dy rymus law.

I'th law di, dirion Dad,
  yr ymddiriedwn ein hunain a'n gilydd;
  ein cyrff a'n heneidiau,
  ein hamseroedd a'n hanghenion,
  ein gobeithion a'n cynlluniau.
Gwarchod a bugeilia ni,
  ac arwain ni yn y diwedd i llawenydd a diogelwch
  ein cartref tragwyddol. AMEN.

Cymdeithas

'Y mae Duw'n ffyddlon, a thrwyddo ef y'ch galwyd chwi i gymdeithas ei Fab ef, Iesu Grist ein Harglwydd ni.' (1 Cor. 1: 9)
'Os rhodiwn yn y goleuni, fel y mae ef yn y goleuni, y mae gennym gymundeb â'n gilydd, ac y mae gwaed Iesu, ei Fab ef, yn ein glanhau ni o bob pechod.' (1 Ioan 1: 7)

*

Yr wyt ti, Arglwydd, yn ein mysg;
y mae dy bresenoldeb yn llenwi'r lle hwn,
yn llenwi'r awr hon,
yn llenwi'n calonnau a'n heneidiau,
ac yn ein clymu ynghyd yn un cymundeb ysbrydol,
yn gorff Crist ac yn deulu'r ffydd.
Yng nghymdeithas yr Ysbryd Glân,
a chyda'th eglwys fawr yn y nef ac ar y ddaear,
offrymwn i ti, Dduw Dad hollalluog,
ein clod, ein cariad a'n hufudd-dod.

*

Rhown ddiolch i Dduw am ein galw i gymdeithas ag ef ac â'n gilydd, a gweddïwn am weledigaeth o fyd wedi ei uno yng nghariad Crist . . .
Rhown ddiolch i Dduw am ei eglwys, am gymdeithas y saint, a gweddïwn am i'r eglwys fod yn arwydd gobaith a chymod mewn byd rhanedig . . .
Gweddïwn dros bawb sydd yn wrthodedig, yn unig, yn ddifreintiedig ac wedi eu hynysu oddi wrth gymdeithas â'u cyd-ddynion . . .

Arglwydd Dduw, ein creawdwr a'n Tad,
yn y dechrau rhoddaist y ddaear
yn gartref i'th blant oll,
a gelwaist ni ynghyd yn un ddynoliaeth
ac yn un teulu ynot ti.
Diolchwn mai mewn perthynas â thi
ac mewn cymdeithas â'n gilydd
y canfyddwn bwrpas ac amcan i'n bywydau unigol.

Diolchwn am Iesu Grist
a ddaeth i ddatguddio dy gariad diderfyn,
i chwalu pob gwahanfur o elyniaeth,
i'n rhyddhau o bob gormes
ac i'n cymodi â thi ac â'n gilydd.

Diolchwn am gymdeithas dy eglwys:
am iddi fod yn arwydd gobaith ac yn gyfrwng cymod
mewn byd rhanedig;
am y gwirionedd, y gras a'r goleuni
a ddaeth i ni trwyddi.

Diolchwn am ddylanwad dy eglwys arnom:
am y rhai y bu eu hesiampl yn ysbrydiaeth i ni
a'u cefnogaeth yn gyfrwng gras a bendith;
am rin gair a sacrament,
am gysuron gweddi,
am gyfaredd gwir addoli
ac am gwmni ffrindiau yn y ffydd.

Gweddïwn dros bawb sy'n unig,
yn wrthodedig ac yn ddiymgeledd:
rhai mewn afiechyd yn methu ymdaflu i asbri bywyd
a'u gwendid yn eu digalonni;
rhai mewn henaint,
wedi eu cornelu gan lesgedd
ac yn gweld eu byd cyfarwydd yn crebachu;
rhai mewn carchar,
wedi eu llethu gan gywilydd ac anobaith
a'u hanghofio gan eraill;
rhai yn dioddef gormes a dychryn,
wedi eu gwahanu oddi wrth gymydog a chydnabod
oherwydd eu hil, eu crefydd neu liw eu croen.

Arglwydd, defnyddia ni i feithrin cymdeithas,
i godi pontydd rhwng pobloedd,
i greu ymdeimlad o berthyn,
ac i garu a derbyn eraill
fel y cawsom ni ein derbyn a'n caru gennyt ti,
trwy ras ein Harglwydd Iesu Grist
ac yng nghymdeithas dy Lân Ysbryd. AMEN.

Cymod

'Os cymodwyd ni, pan oeddem yn elynion, â Duw trwy farwolaeth ei Fab, y mae'n sicrach fyth y cawn, ar ôl ein cymodi, ein hachub trwy ei fywyd.' (Rhuf. 5: 10)

'Yr oedd Duw yng Nghrist yn cymodi'r byd ag ef ei hun, heb gyfrif troseddau dynion yn eu herbyn, ac y mae wedi ymddiried i ni neges y cymod.' (2 Cor. 5: 19)

*

Arglwydd tosturi,
a edrychaist heibio i'n troseddau,
ac a ddaethost atom yn dy Fab Iesu Grist
i'n cymodi a'n hadfer yn dy gariad:
addolwn di am roi i'th bobl
perthynas newydd â thi ac â'n gilydd,
cyfle newydd i'th wasanaethu,
gobaith newydd am undod a heddwch yn y byd,
a chân newydd i'th foliannu.

*

Arglwydd Dduw, ein creawdwr a'n Tad,
diolchwn am i ti ein creu yn blant i ti,
ac am i ti ddangos mai dy fwriad
yw i bawb fyw mewn cytgord a chymod.
Arglwydd Iesu Grist, ein ceidwad a'n brawd,
diolchwn am i ti, trwy air a gweithred,
chwalu gwahanfuriau gelyniaeth rhwng pobloedd
ac ymddiried i ni neges y cymod.
Ysbryd Glân, ein diddanydd a'n harweinydd,
diolchwn am dy bresenoldeb parhaol yn ein mysg,
am i ti ddehongli i ni waith a phwrpas Iesu
a chynnal tystiolaeth dy bobl.
Gymundod dragwyddol y Drindod,
diolchwn mai'r berthynas o gariad sydd ynot ti
yw'r patrwm perffaith i bob perthynas
yn dy eglwys ac yn y byd.

Rho i ni edifeirwch
am ein rhan yn rhaniadau a rhyfeloedd y byd
ac am ein methiant i fyw'n gytûn.
Rho inni ffydd
yng nghrym iachaol dy deyrnas.

Rho inni weledigaeth
o'r ddaear wedi ei chyfannu yn dy gariad.
Rho inni ufudd-dod i'th alwad
i fod yn gyfryngau dy dangnefedd,
yn dystion i efengyl y cymod
ac yn weision hedd.

Cyflwynwn i ti
ein geiriau, ein gweithredoedd a'n gweddïau
er iacháu a chyfannu'r ddynoliaeth ddrylliedig.

Gweddïwn am gymod rhwng cenhedloedd:
am heddwch yn seiliedig ar gyfiawnder;
am barch at hawliau dynol;
am ymrwymiad i ymwrthod â gormes a rhyfel.

Gweddïwn am gymod rhwng hiliau:
am barodrwydd i dderbyn ein gilydd a'n gwahaniaethau;
i ddathlu amrywiaeth ein harferion a'n diwylliannau
ac i geisio rhyddid a chydraddoldeb i bawb.

Gweddïwn am gymod rhwng cenedlaethau:
am oddefgarwch rhwng hen ac ifanc;
am i rieni a phlant dyfu mewn dealltwriaeth
a dysgu gwerthfawrogi a pharchu ei gilydd.

Gweddïwn am gymod rhwng eglwysi:
am gariad ac ymddiriedaeth rhwng Cristnogion;
am undod mewn ffydd, bywyd a thystiolaeth
ac am iachâd corff rhanedig Crist.

Gweddïwn am gymod ynom ein hunain:
am ryddhad o bob pechod sydd ynom,
o bob pryder di-fudd,
o bob ysfa am bwysigrwydd a chlod
ac o bob eiddigedd o lwyddiant eraill.

Arglwydd, dysg ni i ymgolli yn dy gariad,
i ymddiried yn aberth ein Harglwydd Iesu
ac i ganfod iachâd a chymod ynddo ef. AMEN.

FFRWYTH

'Y mae'r Efengyl yn dwyn ffrwyth ac yn cynyddu trwy'r holl fyd, yn union fel y mae hefyd yn eich plith chwi.' (Col. 1: 6)
'Ffrwyth yr Ysbryd yw cariad, llawenydd, tangnefedd, goddefgarwch, caredigrwydd, daioni, ffyddlondeb, addfwynder, hunanddisgyblaeth.' (Gal. 5: 22-23)

*

Arglwydd ein Duw,
ffynhonnell pob rhinwedd
ac awdur pob daioni;
wrth i ni addoli dy enw sanctaidd
ac ymhyfrydu yn dy ogoniant,
rho ras i ni dyfu mewn ffydd ac ufudd-dod
a chynyddu ymhob rhinwedd da,
er mwyn i ni fyw i ryngu dy fodd.

*

'Ffrwyth yr Ysbryd yw cariad, llawenydd tangnefedd . . .'

Arglwydd, diolchwn i ti
am y rhai sy'n rhoi i ni o'u cariad,
y rhai y mae eu cwmni yn ein llonni
a'u geiriau yn cyfryngu i ni dangnefedd.
Diolchwn am y rhai drwy'r byd
sy'n gweithio dros gariad,
yn dwyn llawenydd i fywydau eraill
ac yn tystio i ffordd tangnefedd.
Gweddïwn dros y rhai sydd heb neb i'w caru,
y rhai sydd mewn tristwch ac anobaith,
a'r rhai sy'n dioddef creulondeb a thrais.
Clyw ein gweddi ar eu rhan.

'Ffrwyth yr Ysbryd yw goddefgarwch, caredigrwydd, daioni . . .'

Arglwydd, diolchwn i ti
am y rhai y mae eu goddefgarwch yn esiampl i ni,
eu caredigrwydd yn ein calonogi
a'u daioni yn ein hysbrydoli.

Gweddïwn dros y rhai sy'n dioddef
oddi wrth ragfarnau ac annioddefgarwch
oherwydd eu cred, eu hil neu liw eu croen;
y rhai mewn unigrwydd, caethiwed a newyn,
y rhai sy'n amddifad o garedigrwydd
a'r rhai sydd wedi colli ffydd
yng ngwerth a goruchafiaeth daioni.
Clyw ein gweddi ar eu rhan.

'Ffrwyth yr Ysbryd yw ffyddlondeb, addfwynder, hunan-ddisgyblaeth . . .'

Arglwydd, diolchwn i ti
am y rhai fu'n dystion ffyddlon i'r efengyl
a'r rhai fu'n deyrngar i'th eglwys ymhob oes;
y rhai y bu eu haddfwynder
yn dystiolaeth i'w Harglwydd
a'u hunan-ddisgyblaeth yn batrwm i ni.
Gweddïwn dros y rhai sydd wedi colli ffydd;
y rhai sy'n brwydro yn erbyn amheuon
a'r rhai sydd wedi llithro i ddifaterwch.
Gweddïwn dros y rhai sy'n dioddef
oherwydd diffyg addfwynder:
gwragedd a phlant sy'n cael eu cam-drin,
carcharorion cydwybod
a dioddefwyr erledigaeth.
A gweddïwn dros y rhai sy'n ceisio ymddisgyblu
ac yn brwydro yn erbyn eu natur eu hunain.
Clyw ein gweddi ar eu rhan.

Dywedodd Iesu, 'Wrth eu ffrwythau yr adnabyddwch hwynt . . .'

Arglwydd, rho i ni ras
i dyfu yn ffrwythau'r efengyl,
i efelychu ein Harglwydd Iesu,
i dystio i'w gariad,
i estyn ei deyrnas yn y byd
ac i ddwyn clod i'th enw di. AMEN.

GWRANDO

'Mawl sy'n ddyledus i ti, O Dduw, yn Seion;
ac i ti sy'n gwrando gweddi, y telir adduned.' (Salm 65: 1)
'Yr wyf yn caru'r Arglwydd, am iddo wrando ar lef fy ngweddi,
am iddo droi ei glust ataf y dydd y gwaeddais arno.' (Salm 116: 1)

*

Dduw sanctaidd, ein Tad nefol,
ymgrymwn yn nhawelwch dy bresenoldeb
a thrown ein bywydau tuag atat,
i'n cyfareddu gan dy sancteiddrwydd,
i'n cofleidio gan dy gariad,
ac i'n cywiro a'n cyfeirio gan dy Air.
Rho dy Ysbryd i'n cynorthwyo i weddïo,
a gwrando ein deisyfiadau.
'Ti yr hwn a wrendy weddi,
Atat ti y daw bob cnawd . . .'

*

Yn sŵn a dwndwr ein bywyd,
yr wyt ti, Arglwydd, yn gwrando
ein meddyliau dirgel a chri ddistaw ein calonnau.
Deuwn o'th flaen, heb rodres na balchder,
mewn symylrwydd a gostyngeiddrwydd,
gan wybod dy fod yn ein gwrando cyn i ni lefaru,
oherwydd gwyddost ein hanghenion, ein hofnau a'n hiraeth
cyn i ni ofyn dim oddi wrthyt.
Y tu ôl i'n siarad a'n llifeiriant geiriau,
yr wyt ti'n clywed ein dyheadau dwfn, dieiriau.
Y tu ôl i'n hunanhyder huawdl,
yr wyt ti'n adnabod ein swildod a'n hansicrwydd.
Y tu ôl i'n heiddigedd a'n beirniadaeth o eraill,
yr wyt ti'n clywed ein llef am sylw a gwerthfawrogiad.
Ond cyflwynwn y pethau hyn i gyd
i'th faddeuant ac i'th arweiniad,
gan ddiolch nad wyt yn glustfyddar i eiriau'n gweddïau
nac yn ddi-hid o'n gwir anghenion,
ond yn gwrando, yn deall ac yn derbyn y cyfan
yn dy drugaredd a'th gariad diderfyn.

Arglwydd grasol, gwrandawr gweddi,
dysg ninnau i wrando arnat ti.
Y mae gennyt ti air i'n calonnau
i'n calonogi, i'n dysgu,
ac i oleuo'r llwybr o'n blaen.
Yn Iesu Grist daethost atom i lefaru gair y bywyd;
rho i ni glustiau i wrando newydd-deb ei eiriau ef —
geiriau o faddeuant,
yn ein gollwng o'n beiau a'n pechodau;
geiriau o gariad,
yn gorchfygu pob atgasedd ac ofn sydd ynom;
geiriau o gymod,
yn cyfeirio'n traed yn ôl atat ti ac at ein cyd-ddyn.
Maddau i ni ein hamharodrwydd i wrando arnat,
ac i ddysgu oddi wrthyt.
Er mor fythol newydd a grymus dy Air,
aethom yn fyddar i'w her a'i alwad.
Agor ein clustiau i wrando,
ein meddyliau i ddeall
a'n calonnau i ymateb.

Cymorth ni i glywed dy lais yn galw arnom
yng nghri ac angen ein cyd-ddynion:
y rhai sy'n ymbil am heddwch lle nad oes heddwch,
am lawenydd lle nad oes ond dagrau,
am fwyd lle nad oes ond cynni a newyn,
am iechyd ac adferiad mewn gwendid,
am gyfeillgarwch a chwmni mewn unigrwydd,
am ddiddanwch mewn gofid a phoen meddwl.
Fel y rhennaist â ni dy roddion hael,
helpa ni i rannu ag eraill;
i ddefnyddio llaw, llygad, clust a chalon
i estyn iddynt gyfeillgarwch a chymorth,
mewn ufudd-dod i'th ewyllys,
ac yn enw Iesu Grist dy Fab, ein Harglwydd. AMEN.

CENHADU

'Ewch, gan hynny, a gwnewch ddisgyblion o'r holl genhedloedd, gan eu bedyddio hwy yn enw'r Tad a'r Mab a'r Ysbryd Glân, a dysgu iddynt gadw'r holl orchmynion a roddais i chwi. Ac yn awr yr wyf fi gyda chwi bob amser hyd ddiwedd y byd.'
(Math. 28: 19-20)

*

Arglwydd ein Duw,
molwn di am ddrws agored dy gariad,
ac am i ti ddarparu ffordd i ni
i'th wyddfod sanctaidd.
Molwn di am ddrws agored dy eglwys,
ac am y croeso sydd ynddi
i bob cenedl, llwyth ac iaith.
Molwn di am ddrws agored gweddi,
ac am i ti roi i ni'r hawl
i leisio'n haddoliad a'n hymbiliau ger dy fron.
Molwn di a mawrygwn dy enw.

*

Arglwydd Iesu Grist,
a ddaethost i'n plith o fynwes y Tad;
a aethost o amgylch gan wneud daioni;
a anfonaist dy ddisgyblion cyntaf
i estyn dy deyrnas yn y byd:
yr wyt yn ein galw ninnau,
yn ein hoes a'n cenhedlaeth,
i gymryd ein lle o fewn mudiad cenhadaeth dy bobl,
allan i holl gyrrau'r ddaear
ac ymlaen hyd ddiwedd amser.

Cofiwn dy gomisiwn i'th eglwys
i fynd i'r holl fyd i gyhoeddi'r newyddion da,
a'th addewid o'th bresenoldeb gyda ni bob amser.

Dywedodd Iesu, 'Ewch a gwnewch ddisgyblion o'r holl genhedloedd . . .'
Diolch i ti, Arglwydd,
am y rhai fu'n ufudd i'th orchymyn
ac a fentrodd i barthau pell a dieithr
i fynegi dy wirionedd mewn gair a gweithred —
apostolion, saint a chenhadon,
efengylwyr, athrawon a meddygon.

Gwna ninnau'n barod i gael ein hanfon,
ac i ymateb i alwad ac i antur y deyrnas.

Dywedodd Iesu, 'Ewch, a bedyddiwch yn enw'r Tad a'r Mab a'r Ysbryd Glân . . .'
Diolch i ti, Arglwydd,
am i ni, drwy ein bedydd,
ddod yn aelodau o deulu byd-eang dy eglwys;
am ein brodyr a'n chwiorydd ym mhob gwlad
sy'n arddel dy enw ac yn dy wasanaethu.
Cynnal dystiolaeth eglwysi ifanc y byd;
y rhai sy'n mynegi dy gariad mewn gwledydd tlawd;
y rhai sy'n dioddef gwrthwynebiad ac erlid,
a'r rhai sy'n profi llwyddiant a chynnydd.

Dywedodd Iesu, 'Ewch, gan ddysgu iddynt gadw'r holl orchmynion a roddais i chwi . . .'
Diolch i ti, Arglwydd,
am wasanaeth dy eglwys i'r byd:
am ei gwaith addysgol mewn ysgolion a cholegau;
am ymdrechion meddygon a gweinyddesau,
yn iacháu cleifion ac yn dysgu gwyddor glendid;
am y rhai sy'n bwydo'r newynog a'r anghenus
ac yn dysgu'r tlawd i drin y tir.
Gwna ni'n fwy parod i estyn iddynt
ein cymorth a'n cefnogaeth.

Dywedodd Iesu, 'Ewch, ac yr wyf fi gyda chwi bob amser hyd ddiwedd y byd . . .'
Diolch i ti, Arglwydd,
am dy gwmni a'th gymorth i'th genhadon ym mhob man:
cadw eu hysbryd rhag diffygio yn wyneb anawsterau;
ymgeledda'r rhai sy'n gweithio mewn sefyllfaoedd unig;
amddiffyn y rhai sy'n wynebu peryglon,
a gwna ni oll, yn ein cylchoedd ein hunain,
yn weithwyr defnyddiol yn dy winllan;
trwy Iesu Grist ein Harglwydd. AMEN.

GOBAITH

'Bendigedig fyddo Duw a Thad ein Harglwydd Iesu Grist! O'i fawr drugaredd, fe barodd ef ein geni ni o'r newydd i obaith bywiol trwy atgyfodiad Iesu Grist oddi wrth y meirw.' (1 Pedr 1: 3)
'Gwyn ei fyd y dyn y mae ei obaith yn yr Arglwydd ei Dduw.' (Salm 146: 5)

*

Arglwydd ein Duw, ynot ti y mae ein gobaith,
mewn bywyd, mewn angau ac i dragwyddoldeb:
deuwn atat yn ymwybodol o'n gwendid —
gwendid ein cnawd,
gwendid ein ffydd,
gwendid ein gobaith,
gwendid ein cariad.
Tyrd atom yng ngrym dy ras
i adfer ein nerth,
i gadarnhau ein ffydd,
i fywhau ein gobaith,
i ailgynnau fflam ein cariad,
ac i'n gwneud yn gwbl sicr
na all dim mewn angau nac einioes
ein gwahanu oddi wrth dy gariad anfeidrol
yng Nghrist Iesu ein Harglwydd.

*

Rhown ddiolch i Dduw am y gobaith sy'n eiddo i ni ym muddugoliaeth ein Harglwydd Iesu Grist ar bechod, angau a thywyllwch . . . (distawrwydd)

Yn y gobaith hwn gweddïwn dros y byd, dros lwyddiant teyrnas Dduw, dros bawb sydd mewn angen, a throsom ein hunain . . . (distawrwydd)

Er gwaethaf drygioni ac anghyfiawnder y byd,
diolchwn, Arglwydd, am i ti roi i ni
symbyliad i gredu a sail i obeithio
yng ngoruchafiaeth dy Fab Iesu Grist.
Diolchwn am fuddugoliaeth ei gariad ar atgasedd a thrais;
am fuddugoliaeth ei faddeuant ar bechod a drygioni;
am fuddugoliaeth ei dosturi ar ing a thrallod;
am fuddugoliaeth ei atgyfodiad ar angau a'r bedd.
Diolchwn dy fod wedi addo rhan yn ei fywyd buddugoliaethus
i bawb sy'n ymddiried ynddo.

Gweddïwn, mewn gobaith, am faddeuant:
am i ddrygioni'r byd beri i ni digalonni;
am i'n gwendid beri i ni ildio i demtasiwn;
am i fethiant a siom beri i ni amau dy gariad,
ac am i'n gofidiau lesteirio'n bywyd Cristnogol.

Gweddïwn, mewn gobaith, am adnewyddiad dy eglwys:
pan ofnwn fod ein tystiolaeth yn mynd yn ofer,
ein hyder yn gwanhau a'n hymdrechion yn methu,
rho i ni sicrwydd fod dy Ysbryd ar waith yn ein mysg,
a gwna ni'n agored i gael ein harwain a'n hadfywio ganddo.

Gweddïwn, mewn gobaith, am lwyddiant dy deyrnas:
nertha'r rhai sy'n gweithio dros gyfiawnder,
rhyddid a hawliau dynol yn wyneb gormes a thrais;
cynnal hwy â'r argyhoeddiad sicr
fod dy deyrnas yn mynd rhagddi ar y ddaear.

Gweddïwn, mewn gobaith, am heddwch yn ein byd:
ym mhob sefyllfa o elyniaeth a therfysg,
rhwng cenhedloedd, pobloedd a chymdogion;
llwydda ymdrechion y tangnefeddwyr
ac arwain ni oll i lwybrau cytgord a chymod.

Gweddïwn, mewn gobaith, dros y cleifion a'r trallodus:
yn dy dosturi nertha ac adfer
y rhai sydd mewn afiechyd corff a phoen meddwl;
y rhai y cyffyrddodd galar â'u calonnau;
y rhai ynghanol nos dywyll yr enaid.

Gweddïwn, mewn gobaith, am gael etifeddu bywyd tragwyddol:
rho i ni ffydd i gredu y cawn ninnau rannu
yng ngrym atgyfodiad ein Harglwydd Iesu Grist,
a'th fod wedi paratoi lle i ni, yn ôl dy addewid,
yn dy drigfannau nefol.

Arglwydd, cymorth ni i fynd rhagom ar ein taith,
gyda ffydd yn goleuo'n heneidiau,
gobaith yn cyfeirio'n cerddediad
a gorfoledd yn llenwi'n calonnau;
trwy Iesu Grist ein Harglwydd. AMEN.